Mi Historia

Carlos Santos

PAGE PUBLISHING, INC.
Conneaut Lake, PA

Primera publicación original de Page Publishing 2020

ISBN 978-1-64334-578-9 (Versión Impresa)
ISBN 978-1-64334-579-6 (Versión electrónica)

Libro impreso en Los Estados Unidos de América

Cada vez que pensaba en escribir la historia de mi vida, pensaba en los millones de libros que se han escrito y en la época tan violenta que vivimos que nadie tendría tiempo para leer nada más que el periódico y solo cuando hubiera la oportunidad. Pero viendo las cosas que van de mal en peor, notando que este mundo se acerca al final de la cuerda, ahora es cuando siento en mi corazón el deseo de compartir con los seres humanos: Mi historia.

CAPÍTULO
I

El nacimiento

CUANDO YO NACÍ EL 7 de octubre 1956, mi madre, una joven de 31 años, ya había abortado los dos primeros hijos y cuando digo "abortado" no me refiero al que se conoce hoy en día, pues ese crimen no lo hacían cuando mi madre abortó sus primeros dos hijos. Después nacieron ocho hijos más y al último que tuvo fue a mí, pero cuando iba a darme a luz se vio gravísima en el parto, llamaron a mi padre para que él firmara a cuál de los dos quería salvar, y él, un hombre también joven de 31 años con dos trabajos que tenía para esa fecha, y con ocho hijos primero que yo, era lógico y normal que prefiriera a mi madre.

Pero dice la Biblia en Salmos 22, 9– 10: "Pero tú eres el que me sacó del vientre. El que me hizo estar confiado desde que estaba a los pechos de mi madre. Sobre ti fui echado desde antes de nacer. Desde el vientre de mi madre, tú eres mi Dios".

Esta parte de la palabra de Dios se cumplió literalmente, pues se suponía que yo muriera (pues mi madre estaba gravísima) los médicos le metieron unos "fórceps" y entonces al sacarme desde dentro de ella, causaron que mi cuello se me virara y así salí yo con vida y mi madre también se salvó. Verdaderamente si Dios no mete su mano poderosa y misericordiosa, uno de los dos moría.

Nací en San Juan capital de Puerto Rico, luego de ese primer sufrimiento para nacer y quedar con mi cuello virado hasta la edad de 9 años, siguieron pasando cosas terribles las cuales poco a poco iremos narrando según vaya entrando en la profundidad de mi edad adulta. Vivíamos en una casita de madera en San Miguel cerquita a La Perla en San Juan, y cuando tenía tres meses de edad una tarde mi padre descansaba en su cuarto cuando de repente la casa empezó a coger fuego de tantas casitas pobres que habían, parece que algún niño jugaba con fósforos o hubo un corte circuito o alguien lo hizo intencional, nadie lo supo, la casa comenzó a arder en fuego y yo estaba adentro de la casita, cuando mi padre se dio cuenta él no buscó con que apagar aquello, pues ya era un infierno real lo que había, me cargó en sus brazos y corrió conmigo calle abajo y todo lo poquito que hasta ese momento había conseguido mi padre se volvió cenizas.

Luego nos pusieron a vivir en un refugio, no teníamos ni donde caernos muertos mis padres, mis ocho hermanos y yo. Cuentan que aquello era horrible. Mi padre cortaba las fotos bonitas de algunos almanaques, les ponía un cristal por fuera, un cartón por detrás y los vendía como si fueran cuadros, para mantenernos. No tenía trabajo. ¡Cuántas luchas debió de experimentar mi padre! ¡Cuánta turbación y amargura, sin pensar nunca en quitarse la vida, o tal vez, vender un par de nosotros, como salen ahora noticias a menudo! Mi padre era un hombre católico, pero con su vida nos dio, y nos sigue dando, ejemplos de fe (algo que muy pocas personas, aún en los círculos de oración y en las iglesias tienen).

La fe que es la certeza de que todo va a cambiar, la seguridad de algo sin verlo con los ojos físicos, sino espiritualmente como dice en Hebreos 11, 1. Y nosotros siendo nueve hijos mi padre no se acobardó, ni nos abandonó, sino al contrario, trabajó y luchó por nosotros, para que tuviéramos siempre el pan cotidiano. Cuando pienso en eso recuerdo lo que dice la Biblia de Abraham, que siendo pagano y sin conocer salió de su casa en busca de algo que ni él mismo sabía adónde iba. (Hebreos 11, 8) Dejó la tierra donde había nacido y donde se había criado, dejó su parentela por seguir a través de la fe el camino que en su corazón Dios le dictaba, y luego vemos que Dios le llama "Amigo".

(Isaías 41, 8) Yo estoy casi seguro que Dios amaba a mi padre. Pues cuando mi padre tuvo a los primeros cuatro hijos mayores nacidos, sin contar los dos que murieron antes de nacer, a él lo llamaron al Servicio Militar y mi madre quedó sola ese tiempo. Fue a la segunda Guerra Mundial dos veces y las dos veces vino ileso, ni una uña se le quebró. Dios guardó a mi padre de morir en Corea cuando iban a desembarcar la noche antes, lo licenciaron ¡Alabado sea Dios! Todos los que bajaron a tierra al otro día murieron por el enemigo coreano. Cuando Dios vela a un hombre lo cuida hasta el fin, aunque ese hombre no lo conozca jamás. Dios cuida de él.

Hasta ahora he dicho virtudes de mi padre, pero él también tiene defectos (como todos nosotros, ¿verdad?). Él era mujeriego, bebedor, jugador de caballos, loterías, fumaba cigarrillos, discutía mucho con mi madre, y eso es algo que me hizo mucho daño emocionalmente, tal vez nunca se daría cuenta de lo que me afectaría eso a lo largo de la vida.

Luego del refugio nos mudamos a un caserío por diez años. Aquel sitio era de gente baja, allí vivían lesbianas, homosexuales, prostitutas, alcohólicos, drogadictos, enfermos sexuales, locos, etc. Llegue a aquel lugar como a los tres meses de edad y salimos a los diez años exactos, gracias a Dios. Mientras yo era pequeño no me daba cuenta de cuán malo era ese sitio, pues mi madre no trabajaba y siempre estaba a la vista de nosotros. Nunca salía a la calle sola, jamás vi amigos o amigas en casa, mi padre no creía en eso ¡qué bueno! A veces venia borracho y jugaba con nosotros en el piso, pero cuando estaba sobrio no nos miraba. Discutía con mi madre y tal vez le dio bofetadas, pues recuerdo eso como en sueños, (era muy pequeño).

Luego fui creciendo en ese lugar tan vulgar hasta que cumplí los cinco años cuando por primera vez mami se separó de mí, sentí toda la maldad del mundo, pues hasta ahora no me acordaba que yo tenía un defecto que me causaron los doctores al nacer cuando me halaron con aquellos "fórceps" viraron mi cuello cuando nací. Recuerdo que mi madre se marchó a casa y yo lloraba de rabia, de miedo, de odio, de soledad. Yo nunca me había separado de ella, pero ahora había que empezar la escuela y nos separamos.

Enseguida los niñitos me hicieron recordar mi defecto de nacimiento, se burlaban de mí, cuando me iban a hablar no me llamaban Carlos, me decían "cuello virao", era tanta la presión que sentía, era tanta la amargura que experimenté que a mis cinco años comencé a sentir odio por esos niños con sus cuellos derechos y que me despreciaban y se burlaban tanto de mí. Disimulaba todo el malestar que me causaban "mis compañeritos" hasta que terminó el año, pues me colgué; tuve que repetir al siguiente año, primer grado.

Todo lo que uno es de mayor tiene que ver casi el 75 por ciento de lo que ha sido tu infancia. Si fuiste feliz serás un hombre confiado, seguro de ti mismo, cariñoso, bueno, y otras cosas más. En cambio, si te criaron en un ambiente de peleas, malas palabras, e inmoral, serás un drogadicto, maleante o asesino, pero aun así Jesucristo te puede cambiar. Cuando repetí el primer grado era lo mismo, burla, desprecio, pero yo seguía hacia delante. Comencé a pelear para darme a respetar. La verdad es que, en los caseríos y las escuelas públicas, si no peleas es como si no hubieras desayunado.

Recuerdo que los drogadictos se burlaban de mí también, y yo los hacía correr tirándoles piedras; a veces mis hermanos mayores peleaban con alguien, y al rato venía una ganga para pelear contra ellos. Una vez pasó algo así y los nueve hermanos salimos con tubos, llaves de levantar gatos de autos, correas gordas de cuero, con pedazos de acero y otras cosas más, y la ganga de maleantes nos cogió miedo, pues hasta los niñitos estábamos armados. Pasé para segundo grado y fue una repetición de lo mismo, mi corazón iba creciendo en rebeldía, odio y violencia. Fui adquiriendo una nueva palabra negativa: Complejo de inferioridad. Cuando un niño conoce esto a la edad infantil, jamás se le borrará de la cabeza, a no ser que ocurra un milagro del mismo Dios.

A los siete años me fumé mi propia caja de cigarrillos "Chesterfield" alias: Rompe Pecho, eran tan malos que casi los vendían regalados, y eso fue lo primero que me fumé a esa temprana edad, y recuerdo que un hermano mío llamado Carmelo (que luego desapareció en el 1972) nos sorprendió en un sitio fumando y tosiendo como loco y nos llevó a casa, mami que le gustaba fumar cuando eso, nos quitó los cigarrillos, nos regañó y se puso bien molesta, pero después se fumó lo que había en la caja, pues aquella cosa parece que la fumaba todo el mundo ¡Qué horrible!

En mi casa había tanta pobreza, que había veces que mi hermano Johnny y yo que éramos los dos más pequeños, nos poníamos la misma camisa para ir a la escuela. Yo por la mañana, y él por la tarde o viceversa. Para comer teníamos que ir a la casa de una tía en San Juan o si no dividirnos unos en casa de unos tíos y otros en otros, lo más hermoso de todo es que aún en la pobreza más extrema, y en la miseria más terrible, aprendimos la unidad familiar, que pocas personas conocen ahora. ¡Todos los meses de octubre, en vez de celebrarme el cumpleaños a todo dar, se acostumbraba a rezar el "Santo Rosario" que tenía más monotonía que santidad, eso era todo el mes completo ¡Cómo lo odiaba! Decir lo mismo siempre sin cambiar ni un poquito para mí era una tortura, en vez de amar eso, lo aborrecí. Pero yo estaba muy pequeño para decir lo que sentía y nadie me iba a respetar ni a escuchar, pues el que mandaba eso, era "el jefe", que mucho me enojaba que papi dijera así, pues me parecía humillante cuando escuchaba decir eso en casa.

Todos rezaban y yo maldecía la hora en que nos reuníamos, con todo y aparentar religiosidad, se vivía un infierno. Papi seguía tomando ron, cervezas, whisky, discutiendo, saliendo con mujeres, mi pobre madre era una infeliz, y yo sentía más odio por todo lo que fuera religioso, imágenes, rosarios, y velas. Una vez hice algo malo, y mi padre me desnudó en un cuarto, me pegó con una correa y me puso frente a una imagen de la Virgen María para que le pidiera perdón. Si él hubiera escuchado, aunque hubiera sido una línea de aquellas oraciones, me hubiera estrangulado, pues yo movía mis labios y lo maldecía a él, a la virgen, y a todas las imágenes. De ahí en adelante jamás respeté ninguna imagen, pues el daño y los golpes abusivos que recibí frente a aquella porquería, jamás lo olvidaré. Si hubiera tenido espíritu aquella imagen, le hubiera gritado a mi padre ¡Deja a ese niñito abusador! Yo ahora sé lo que molestan los niños, pues tengo cinco, pero para esa época no entendía que mi padre tal vez se desquitaba conmigo, alguna turbación o frustración de aquel día.

Cuando todo te vaya mal, clama a Dios y él te responderá (Jeremías 33, 3), pero nunca te desquites tu ira interna, tu frustración, con un niño, pues el daño que le haces es para siempre. Los niños no saben nada del mundo adulto, ellos solo saben correr, jugar, gritar, y pelearse entre ellos, pero al rato están contentos otra vez. En cambio, nosotros ni jugamos, ni nos perdonamos, ni corremos, lo único que sabemos hacer como ellos es gritar, y gritar como locos, hasta que los espantamos de terror, nadie puede amar a otro con miedo, pues el mismo temor te crea odio, desprecio, antipatía, nada de estos sentimientos hacen bien a los niños.

Padre y madre que me lees, trata a tus hijos como a ti te gusta que te traten, y no como te trataron tus padres a ti. La Biblia es clara en esto cuando dice "Y vosotros padres, no provoquéis la ira a vuestros hijos, sino criadlos en disciplina y amonestación del Señor", (Efesios 6, 4). En ningún sitio se nos da permiso para maltratarlos y tratarlos como animales irracionales, si no amonestándolos con amor y ternura y la palabra de Dios, no con castigos frente a imágenes mudas y causándoles cicatrices en el subconsciente que jamás se borrarán provocándoles ira y odios. ¡Si a mí me hubieran criado, como dice este texto jamás yo hubiera pasado por tantas amarguras como las pase!

No exijas de tus hijos, lo que nunca le has dado, no pidas amor, cuando tú los has maltratado, no pidas comprensión, cuando tú nunca te has sentado con ellos a escucharlos en sus sugerencias u opiniones, tus hijos no son objetos que tú compraste en una tienda, son personas diferente a ti que se cansan de tus prédicas sin ejemplos y de tus sermones vacíos del amor de Dios, pues los niños saben a veces más que tú y se callan por respeto, pero cuando tengan edad suficiente, te deshonrarán como tú hacías cuando ellos eran pequeños.

Tu hijo no es una maldición, tu hijo es un regalo de Dios y es algo muy valioso para él, yo no sé cómo ha habido madres que han matado a sus hijos en sus vientres cuando dice la palabra de Dios en el Salmo 127, 3: "He aquí, herencia de Jehová son los hijos: Cosa de estima el fruto del vientre". Imagínate si mi madre por no sufrir lo que sufrió al tenerme, me hubiera arrancado de su vientre, ¿Dónde yo estuviera? ¿Qué hubiera podido hacer Dios conmigo? ¿Cuál libro estuvieras leyendo ahora tú? ¡No sería este, pues mi madre hubiera terminado con mi vida, me hubiera cortado, ella misma me habría asesinado!, ¡Oh Dios, qué terrible!

Dios te ha prestado ese hijo que sientes en tu cuerpo y que ahora daña tu figura esbelta, pero te dará mucha alegría cuando lo veas sano, feliz amándote y creciendo, luego cuando se convierta a Dios y sea un candidato para el reino de los cielos y le sirva al único Dios verdadero te sentirás feliz de haber sufrido para darlo a luz ¡Yo no me explico cómo hay personas que después de concebir una criatura en su vientre, se lo sacan, lo abortan y creen que Dios no se ha dado cuenta de nada! Pero yo te pregunto como dice en el Salmos 94:9 "El que hizo el oído, ¿No oirá? El que formó el ojo, ¿no verá?".

Quizás tú has pensado sacarte un hijo para que tus padres no se den cuenta de que has fornicado y tu seguir aparentando ser una niña limpia, pero en vez de ser valiente para sufrir vergüenzas, si fuera necesario. Por eso que cometiste, ahora te echas a perder completamente, pues, aunque tus padres no se hayan dado cuenta de nada, el Señor de los cielos todo lo sabe y tendrás que responderle un día a Dios por ese pecado, mira como habla Dios en su palabra respecto a eso que te estoy diciendo "Aun en tus faldas se halló la sangre de los pobres, de los inocentes. No los hallaste en ningún delito. Sin embargo, en todas estas cosas dices: Soy inocente, de cierto su ira se apartó de mí. He aquí yo entraré en juicio contigo, porque dijiste: No he pecado", (Jeremías 2, 34–35).

Tú crees que no has hecho nada malo, pero Dios te dice que en tu falda se halló sangre inocente, y que tú te crees muy lista, que como tus padres no se dieron cuenta Dios tampoco lo sabrá, eso es lo que tú piensas, fíjate como dice en Eclesiastés 11, 5 "Como tú no sabes cuál es el camino del viento, o como crecen los huesos en el vientre de la mujer encinta, así ignoras la obra de Dios, el cual hace todas las cosas". Si Dios es el que hace todas las cosas, también permitió que se formara "eso" que sientes en tu vientre, pues él mismo lo puso ahí. En el Salmo 139, 13 dice "Porque tú formaste mis entrañas. Tú me hiciste en el vientre de mi madre".

Dios es el que forma la criatura que has matado, o que tienes ahora mismo en tu vientre, es un ser humano déjalo que nazca y Dios te bendecirá. Gracias le doy a Dios que mi madre no me arranco de su matriz a pesar de que por darme la vida a mí por poco pierde la de ella. Si aún no crees lo que te digo continúa leyendo el Salmos 139, 15–16 encontrarás algo tremendamente revelador que dice: "No fue encubierto de ti mi cuerpo, bien que en oculto fui formado, y entretejido en los más profundo de la tierra. Mi embrión vieron tus ojos, y en tu libro estaban escritas todas aquellas cosas que fueron luego formada, sin faltar una de ellas".

Esa cosita que te está causando malestar, es un embrión, aunque tú no lo veas está ahí, tiene vida, de ahí saldrá, un médico, un abogado, un presidente, un rey, un juez, un pastor, un evangelista, un escritor, etcétera. Cuando Dios le forme los huesitos y crezca dentro de ti. Madre o jovencita que lees este libro; Dios te ama a ti, pero también ama lo que llevas por dentro, pues, él forma dentro de ti, huesos, pelo, orejas, nariz, ojos, cabecita, bracitos, y piernas. Espera 9 meses y verás que maravilloso es el Creador del Universo, para que sepas que no eres tú quien creas y forma la vida, sino que es el mismo Dios, mira su palabra en Job 10, 8 para que tú te des cuenta quien hace crecer tu barriga. "Tus manos me hicieron y me formaron ¿Y luego te vuelves y me deshaces?" Acuérdate que como a barro me diste forma, y en polvo me haz de volver ¿No me vaciaste como leche, y como queso me cuajaste? Me vestiste de piel y carne, y me tejiste con huesos y nervios. Vida y misericordia me concediste, y tu cuidado guardó mi espíritu. Estas cosas tienes guardadas en tu corazón; yo sé que están cerca de ti. Si pequé tú me has observado, y no me tendrás por limpio de mi iniquidad.

Cada vez que te sacas un bebito de tu cuerpo Dios lo sabe, pues él fue quien lo puso ahí, y esperaba darle crecimiento, y como él es el autor de la vida, a él tendrás que confesarle tus iniquidades, para él no habrá excusas posibles, a mí podrás mentirme, a tus maestros, o a tus padres, hermanos y amigos, pero de Dios no escaparás a no ser que te arrepientas de todo corazón y nunca más cometas esa barbaridad diabólica.

Nada de esto lo he escrito para ofender, ni herir a nadie, sino para crear conciencia de que el aborto es pecado, porque es un crimen contra criaturas formadas por

Dios. Dios es el único que puede quitar la vida, ningún "medico" o "enfermera" está dotado por Dios para matar, es un crimen, y si mi madre me hubiera asesinado a mí en el vientre, jamás sabría cuánto yo la amo. Ella sabe que la amo con todo mi corazón y a pesar de que mi existencia ha sido bien amarga, según vaya contando en este libro te darás cuenta, que vale la pena vivir, no importa cuánto dolor experimentemos, no importa cuánto nos rechacen, no importa cuántas personas se burlen de ti, eres único y encantador, pues Dios te formó y te dio vida, y él nunca hace nada malo, aunque a nosotros nos parezca malo, Dios nos ama demasiado para hacernos sufrir por diversión.

Este capítulo ha sido del nacimiento nada más, pues, aunque haya hablado de otras cosas cuando fui más grande, hemos vuelto al principio, para que valorices ese hijo que llevas en tu vientre y sepas que esa no es tu obra, sino que es obra del Creador. No importa que tan pecadora o vil te sientas, la concepción es una gran labor, es el gran trabajo de Dios, pues él es el que nos hace nacer completos, sin que nos falte nada de nuestro cuerpo y si, aun así, tuvieras un hijo con impedimentos, amalo y Dios te recompensará en su día.

Madre, ¿tú sabes cuantas jóvenes como tú desearían quedar encintas y son estériles? ¿Sabes cuántas personas venden sus hijos para quedar libres de responsabilidades? ¿Sabes cuántas egoístas solo piensan en verse y vivir bien, en vez de dar a luz y criar sus hijos para Dios?

La primera cosa que el mundo está haciendo mal y pecaminosa, no es dejar de ir a las iglesias, no es dejar de ver televisión, no es casarse una o dos veces, no es ir a las playas, no es ir a las fiestas y los cines, no es robar matar y destruir, no es adulterar y mentir, ser hipócrita o falso, la peor cosa que la gente hace hoy en día es fornicar por fornicar, sin haber obedecido a la palabra de Dios cuando dice: "y los bendijo Dios, y les dijo: Fructificad y multiplicaos; llenar la tierra, y sojuzgadla", (Génesis 1, 28).

¿Para qué tú te casaste, para tener permiso de tus padres y de la sociedad para fornicar con tu pareja? ¿O te casaste para tener unos hijos que luego sean parte y orgullo del mismo Dios? ¿Te casaste para vivir en casas o apartamentos llenas de lujos o para tener hijos y enseñarlos con amor y temor de Dios? Tal vez, te casas para guardar dinero en el banco y tener tus cosas buenas y nuevas. Sinceramente te digo; deja a Dios obrar a través de tu vientre, obedece el mandamiento de Dios y él te bendecirá, pues una de las razones que pueden hacerte salva es si has engendrado hijos, pues dice la Biblia en primera de Timoteo 2, 15: "Pero se salvará (la mujer) engendrando hijos".

La razón principal de tu ser mujer es para que ayudes al Creador con tu vientre, para que él sea alabado por toda la tierra, recuerda si María la Virgen Madre de Jesús hubiera abortado para que José no la dejara, o para que los padres de ella no la apedrearan, ¿quién fuera salvo? Más que dice María en Lucas 1, 38: "Entonces María dijo: He aquí la sierva del Señor; hágase conmigo conforme a tu palabra". Así es que ustedes mujeres deben de decir, cuando no les baje "la regla" y al chequearse les digan: está encinta. Siéntanse felices, pues ustedes no saben quién es ese o esa criaturita que Dios les concedió el favor de poner ahí, para que se lo críen por un tiempo, pues recuerden que todo es por su santa voluntad que ocurre.

Nada de lo que sucede es por accidente o descuido. Si te han dicho que estas en "estado" es lo mejor que te han dicho en toda tu vida, créeme no lo digo bromeando, te lo digo de todo corazón, es un gran privilegio. Si tus padres te echan de tu casa porque lo hiciste sin ellos saberlo y sin estar casada, recuerda que la Biblia dice en Salmos 27, 10: "Aunque mi padre y mi madre me dejarán, con todo, Jehová me recogerá". Si estás en pecado Dios te quiere perdonar, Dios te quiere cambiar, Dios te quiere ayudar. Déjalo hacer las cosas a él, pero si ya te sacaste 1 o 2 niños, ven a él, pues recuerda Dios es muy compasivo, nadie te comprenderá como él, tú has cometido ese gran pecado. Tal vez ignorando su palabra, quizás nunca has leído una Biblia, pero te puedo asegurar que Dios te ama no importa quién te diga lo contrario, no importa que tan sucia y pecadora te sientas Dios te ama, y siempre te ha amado, pues él también te dio esa cara, esos brazos, esas piernas, esa nariz, esas orejas, esos ojos y esa cabeza. Él te formó en el vientre de tu madre y aunque tú no le permitiste a él formar a tu hijo en tu propio vientre todavía él te ama y está esperando que lo llames ahora mismo.

Dios habla en su palabra de una forma clara, profunda y amorosa, pues dice: "Se olvidará la mujer de lo que dio a luz, ¿para dejar de compadecerse del hijo de su vientre? Aunque olvide ella, yo nunca me olvidaré de ti", (Isaías 49, 15). No voy a juzgarte, pues yo soy un ser humano, pero lo que puedo hacer es mostrarte que, aunque en este mundo sea legalizado el aborto, para Dios será siempre una sorpresa, pues en este versículo 15 él pregunta que, si se podrá la mujer, olvidar de lo que parió, aunque ella lo olvide, él no puede olvidarnos a nosotros, él sabe que no hay nadie como él. ¿Cómo él nos ama?, ni aun nuestra madre nos puede amar. ¡Como él nos perdona nadie lo hará igual!

Pues el Salmo 119, 73 dice: "Tus manos me hicieron y me formaron" ¿Cuándo? ¡Cuando mi madre se iba poniendo más gordita, las piernas hinchadas, le daban mareos y tal vez se deprimía más que nunca, ahí era que Dios me formaba, con sus manos, en el vientre de mi madre, y en el vientre de la tuya, te creaba a ti! ¡Qué maravilloso es el Dios de los cielos, todo lo ha hecho hermoso! Aun las cosas que parecen feas y horribles, como la barriga de una mujer encinta (Para la mayoría de las mujeres, eso es lo peor que les puede pasar) en cambio para Dios es lo más hermoso y digno que le puede suceder a cualquier muchacha.

Si tú supieras lo jovencita y bonita que te ves delante del Creador, cuando tu vientre ha concebido, Dios comienza a crear en ti a una persona más, en el mundo, y si tú lo dejas crecer en ti y luego lo das a luz, haces a Dios muy feliz, pues para eso es el privilegio de ser mujer, no para casarte y olvidarte de tener tus hijos, recuerda Dios espera tu vientre para formar en tu matriz un muñequito o muñequita de verdad, que hable contigo, se ría, llore, corra, camine, grite, te ame, te acompañe, te valorice, te honre y cuide hasta que te mueras. Pero ese ser que él te presta es; para que tú lo enseñes a buscarlo, honrarlo y quererlo, pues fue Dios el que lo puso nueve meses en tu vientre.

Fíjate lo revelador que es Dios en su palabra, en Isaías 46, 3–4 dice: "Los que sois traídos por mí desde el vientre, los que sois llevados desde la matriz. Y hasta la vejez yo mismo, y hasta las canas os soportaré yo. Yo hice, yo llevaré, yo soportaré y guardaré". Esta es la principal razón de parir, es Dios quien te ha dado el derecho de dar a luz, él lo ha hecho así, para que veas que es una bendición: El Nacimiento.

CAPÍTULO
II

La infancia

EN EL PRIMER CAPÍTULO MENCIONÉ algo de la infancia, cuando tenía cinco años, y comencé la escuela. Pero aquí daré más detalles de las cosas que me sucedieron cuando era niño, pues hay veces que la gente mayor se descuida con los niños, y yo hasta diría que ese descuido hace que uno despierte a la vida prematuramente. En el ambiente de caseríos públicos, la gente mayor se cree que los niños no ven o no recuerdan lo que ven. Pero desde los cuatro años de edad yo comencé a despertar de la niñez, pues recuerdo que una señora vecina de nosotros se metió al baño de su casa, con la puerta abierta y yo estaba jugando con su hijo, y cuando la vi en el baño me le quedé mirando y salí corriendo donde estaba mi madre asustado, pues sabía que había visto algo malo allí, pensé que ella se lo diría a mi madre, pero que va... si yo no le decía a mi madre lo que vi ese día, me quedaría pensando que ella se lo diría algún día. Cuando se lo dije a mi madre, ella se rio y me dijo que nadie la mandaba a dejar la puerta abierta.

La Biblia dice: "Por cuanto no se ejecuta luego sentencia sobre la mala obra, el corazón de los hijos de los hombres está en ellos dispuestos para hacer el mal", (Eclesiastés 8, 11). Si me hubieran pegado mucho no me hubiera dañado la mente como se me daño desde ese momento. Desde la edad de 6 o 7 años, comencé a tener relaciones sexuales con las niñitas de la escuela a pesar de mi defecto del cuello virado, tenía un defecto mucho peor, pues era moralmente.

Mi primera novia la tuve a los 7 años, cuando yo no sabía, ni que significaba eso de tener novia. Las madres confían mucho en los hijos, y principalmente las abuelas creen que sus nietos y nietas, son pequeños y juegan sin malicia, pero eso es mentira. Cuando yo jugaba con las niñas siempre trataba de verles algo o de tocarlas por partes íntimas y cuando me veía alguien mayor corría de miedo, pues creía que todo se lo dirían a mi padre, pues yo le tenía terror a papi, ya que a él no le gustaban esas cosas, por lo menos entre niños, pues ya antes había dicho que él era mujeriego y siempre que uno hace las cosas malas le molesta que un hijo salga como es, o era uno. Pero dicen que lo malo se pega y se aprende rápido, lo bueno es difícil de copiar ¡Qué triste se debe sentir la gente cuando ven que sus hijos, beben, fuman, fornican con cualquiera, mienten, roban, hacen chistes cochinos, son charlatanes, adúlteros y pecadores!

Te pregunto a ti padre y madre que me lees ¿No serás tú el culpable de que tú hijo o hija sea hoy, tu vergüenza? Hoy en día usted ve tantos maniáticos sexuales, asesinos, ladrones, borrachos, mujeriegos, violadores de niños y niñas., y los miles y miles que viven presos como animales

¿Quiénes serán los culpables, ellos o los padres? El ejemplo que vean los niños en tu casa, eso serán ellos mismos. Cuando te pasas desnudo en la casa o en paños menores delante de tus hijos, no llores cuando a tu hijo lo busque la Policía por cometer actos lascivos, exposiciones deshonestas o llamadas telefónicas obscenas, o violar a una joven universitaria, eso fue lo que aprendió de ti. Cubre tu desnudez delante de tus hijos, no andes exhibiéndote, pues cuando ellos crezcan y se compren trajes de baños bien provocativos, tú no tendrás moral para reprenderlos y solo tú tendrás la culpa.

Lo que dice Dios en cuanto a esto que te hablo está en Levítico 18, 7: "La desnudez de tu padre, o la desnudez de tu madre, no descubrirás; tu madre es, no descubrirás su desnudes". Cuando yo tenía 7 años iba caminando solo y un hombre me llamó de un carro para que yo le dijera una dirección, cuando yo miré hacia adentro, estaba desnudo y con una toalla por encima, yo lo maldije y comencé a gritar como un loco malas palabras y ese hombre voló de allí. Eso fue algo que jamás borré de mi cabeza... Tú no sabes el daño que tú le causas a los niños cuando tú te exhibes frente a ellos, como dañas sus mentes para toda la vida, eso es algo que un día tendrás que pagar por pervertido.

Lo que tú le haces a los niños cuando pequeños, ellos lo repiten cuando son mayores. Recuerdo que a esa edad de 7 años me cogieron unos muchachitos y me amarraron detrás de un edificio y no me hicieron nada malo, pero me quedé allí como por una hora llorando y nadie hacía nada por mí hasta que me enojé tanto y tanto que rompí las cosas que me habían puesto amarrando mis manos, llegué a una casa llorando, asustado y bien nervioso.

En la escuela casi todos los días peleaba con alguien, era inadaptado social y mentalmente. Cuando llegaba a casa trataba de aparentar por miedo a mi padre que mi cerebro era normal, pero no estaba bien, pues a mí corta edad pasé cosas terribles. A los 8 años tenía relaciones con homosexuales, mis hermanos y yo íbamos a la casa de un homosexual muy famoso que conocía a todos los varones de nuestra familia. Hay veces que los niños les dicen a los padres que van para la casa de un familiar cercano y luego van a la casa de un pervertido sexual para hacer cosas que jamás se borran del corazón. Pues el sexo es algo que ata a sus víctimas con amarres de acero, de esa vida pecaminosa no se sale tan fácil como la gente se cree. Padres que leen este libro mantenga buenas relaciones con sus hijos, respétenlos, comuníquense con ellos más a menudo, gánenselos de amigos, dele mucho amor, denles buenos ejemplos sin tantos sermones, no confíen en otros sean quienes sean, no confíen en sus hermanos, en sus primos, en sus parientes, pues son ustedes los que los tienen que velar, educar, y responder ante Dios por ellos. Lo que tu hijo sea es tu responsabilidad, quien menos tú te piensas es un perverso sexual. Si este consejo te lo digo yo para tus hijos varones imagínate lo que te podría decir para tus hembritas.

Examina lo que ven en la televisión, qué revistas miran y leen, con quién y de qué hablan por teléfono, pues a veces se calientan en un teléfono hablando de sexo y luego se masturban, y los padres dicen él o ella siempre están aquí, nunca salen a la calle, lo único es que habla mucho por teléfono, pero es una buena persona. Comparte más con tus hijos e hijas para que otros no te roben su amor y luego te aborrezcan, por la mala vida que lleven.

Tu mamá ya te crio a ti, ahora, críalos tú, pues con abuelita saldrán unos perversos, pues abuelita les consiente mucho y todo lo da por bueno, con tal de no estar solita por las noches y tener con quien conversar, los dejan hacer lo que quieran. Me gustaría encontrar a alguien, que se haya criado con la abuelita y me diga que yo no tengo razón. A los 8 años seguía mi vida de pecado y desenfreno, a esa edad fumaba, fornicaba, peleaba y hacia todo lo malo que veía en la televisión. No hay cosa que enseñe más a un niño que esa pantalla chica. Ese es un descuido que siempre lo hacían nuestros padres, ya que éramos tantos hijos.

Una vez, vestido de vaquero le rompí la cabeza a un niñito con la pistola, que, aunque era de juguete, sacaba sangre de verdad, pues era como de metal. Tirábamos piedras a las casas, formábamos guerras a pedradas, unos contra otros. Recuerdo que, en una de esas guerras, le abrí la cabeza a un niño y tuvieron que llevarlo al hospital, pero así son las guerras en la televisión, me decía a mí mismo. A veces me acercaba con alguna piedra en la mano, le rompía la cabeza a un muchacho y echaba a correr ¡Cuánto daño le causé a mis padres, solo Dios lo sabe! Pues yo era una especie de diablo chiquito, ya a esa edad desarrollaba lo que más tarde se conocería como una Neurosis Compulsiva que me causaría grandes problemas con la Policía, con la gente y con todas las personas que se me acercaran ya que, al tener dos personalidades en una, era algo que pocas personas notaban, la persona que se aleja de la realidad, empieza poco a poco.

Uno no se da cuenta hasta que pasan muchísimas cosas desagradables, pues la mayoría de la gente piensan que los niños no tienen problemas, que no hay frustración, complejos, manías, ni maldades, como en las personas mayores, que los niños no padecen de Psicosis, Neurosis y otras enfermedades mentales, que luego se marcarán notablemente. "Árbol que nace doblado, jamás su tronco endereza", decían los viejitos. Pero eso es una verdad bien segura. Todo lo que uno es cuando es mayor tiene que ver con un 90 por ciento de la infancia, cómo te crían, dónde te crían, quién te cría. Si eres maltratado, abusado, burlado, incomprendido, despreciado, ignorado y otras cosas más, de seguro que padecerás alguna enfermedad emocional, por el resto de tus días. En cambio, si eres bien tratado, cuidado, aceptado, comprendido, apreciado, admirado, tendrás paz con Dios y con tus semejantes más pronto que cualquiera de la lista anterior.

Recuerda, te habla una persona que experimentó en la infancia todo lo malo del mundo y que a base de esas malas experiencias pudo encontrar la paz mental y ahora te escribe este libro, para que sepas que tú no estás solo, ni eres fuera de serie, solamente necesitas ayuda y esa ayuda no te la puede dar ningún ser humano. La ayuda solo la tiene Jesucristo, pero de eso hablaremos más tarde, pues faltan cosas muy terribles todavía. Mientras estaba pequeño aun mi madre me controlaba la personalidad, muchas cosas no las hice por el amor de ella, pues sabía que ella me quería, a pesar de que no estaba preparada para bregar conmigo, su amor fue bastante suficiente para curar o aliviar mi sufrimiento mental. Nadie en la tierra fue como mi linda Madre...

Llegué a la edad de 9 años y ahí comencé una vida un poco mejor, aunque ya había raíces amargas, a esa edad, sucedió algo maravilloso me llevaron a un lugar llamado Hospital de Niños y Adultos Lisiados. Ahí conocí a un doctor especialista en huesos, recuerdo que le llamaban Dr. Rodríguez Cristian, cuando ese doctor miró mi cuello virado le dijo a mi madre que él me operaría y que yo quedaría completamente bien. Cuando volvimos a casa, yo me sentía feliz, por primera vez mi corazón se llenó de alegría, de esperanza, de fe. Todo iba a cambiar, ahora sería normal, ya nadie se volvería a reír de mí, jamás me volvería a sentir marginado, jamás sería la persona triste que hasta ese momento había sido, pues habría esperanza de cambiar lo que hasta ese momento me causaba amargura.

Llegó el día esperado, por mí, cuando ya dejaría de ser un "lisiado", y recuerdo que en el hospital me acostaron en una cuna bastante grande y ahí me dormí, pero al otro día temprano me levantaron, me prepararon para el quirófano, me pusieron una máscara en mi boca que contenía "Ether" y me dormí. Cuando desperté esa tarde estaba en una cama y no en la cuna donde me había dormido la noche anterior, ya que, al tratar de acostarme allí, después de operado se dieron cuenta que no cabía, porque ahora mi cuello estaba derechito y me veía más alto, pues al mi cuello estar virado cabía allí, pero al enderezarlo se hizo la cuna pequeña para mí.

Cuando desperté noté que mi cuello lo estaban estirando con unas pesas, detrás de mi cabeza, aquello era algo doloroso, pero le pregunté a una hermanita mayor que yo que estaba conmigo ¿Cómo me veía? y me dijo Rafaelita: "¡Te tienen con esas pesas, para que no te muevas y dañes la operación, pero tu cuello está derechito!". Nadie sabrá jamás la alegría que mi corazón experimentaba, estaba realmente contento, tenía ganas de salir corriendo y gritarles a todos que ya por fin era alguien normal, como cualquiera. Tenía unos puntos pequeños, en mi cuello, pero ahora estaba derecho.

Al poco tiempo me dieron de alta y cuando volví al caserío, ya la gente no se reía de mí, ya en la escuela me empezaban a querer y aceptar. Comencé a coleccionar discos pequeños americanos que estarían conmigo desde 1964 hasta el 1986. Tenía ahora deseos de vivir la vida normal y feliz, a pesar de todo el dolor experimentado en los primeros años de la vida, quería aliviar aquella forma aislada en la cual había vivido. Desde ese momento en adelante me sentía diferente, le cogí amor a la música, la bailaba, la tarareaba, ¿que por qué lo hacía?, porque ahora nadie me hacía sentir mal. Ahora me llamarían Carlos, no cuello virado.

Entonces comencé a levantar pesas, para tener un cuerpo bonito cuando fuera grande, para que todos tuvieran que admirarme y reconocer que a pesar de todo yo había triunfado en la vida. Mi cuerpo fue adquiriendo fuerzas y poder. Yo pensaba que algún día sería boxeador famoso o tal vez campeón de levantamiento de pesas. Me entregaba por completo al ejercicio, casi no comía ni dormía pensando en las pesas. Era algo que me llenaba por completo, recuerdo que una vez me puse los guantes de boxear con un muchacho bastante mayor para mí y él me dijo que solo quería "calentarse" conmigo, eso quería decir practicar suavemente, pero mientras nos golpeábamos suavemente, de momento a él se le zafó un fuerte golpe en mi cara, a mí se me prendió el demonio y le tiré con todas mis fuerzas y por poco le separo la cabeza del cuerpo de un solo puño. Aquel hombre se quitó los guantes de momento y me dijo que un poco más y le arranco su cabeza.

Desde ese día movía su cabeza como una paloma, para todos los lados, jamás fue el mismo. Siempre que boxeaba con alguien suave y se zafaba conmigo, iba para el piso inmediatamente, pues mi pegada era muy violenta y siendo zurdo (o sea izquierdo), era difícil ver de dónde vendría mi puño. Ahora notaba que en la escuela me aceptaban y me respetaban no solo por mi cuello derecho, sino por mi pegada. A esa edad también, en San Juan visitaba a una tía y mi primo quiso que yo me pusiera los guantes con un muchacho más gordo y más grande que yo, y cuando ese joven me tiró tan fuerte a la cara en vez de coger miedo, me llené de ira y le hinche sus ojos, y lo envié al piso también. Mi primo quiso defenderlo poniéndose los guantes conmigo y yo le arranqué una muela y un diente y se acabó el evento. Les gané a los dos. Que bien yo me sentía, ahora ya nadie me humillaba todos querían hacerse mis amigos en la escuela.

Yo me sentía un triunfador, mi cuerpo era como si fuera hierro mezclado con acero, estaba bien formadito. Era elástico, atlético, sin nada de grasa a pesar de ser un niño en edad ya la soberbia comenzaba a llenar mi cerebro y mi corazón, pues de ahí en adelante comencé a pensar que yo era mejor que cualquiera, que la gente para lo único que servían era para golpearlas tan fuerte hasta sacarle la sangre. Yo me decía a mí mismo que con esos puños y esa fuerza sería el mejor de todos los boxeadores del mundo.

Jamás cometas el error que yo cometí, pues nadie es mejor que los demás, aquí el único grande es Dios, después de Dios todos somos iguales. Cuando mi corazón se convirtió a la soberbia, a la altivez, ahí también ya se preparó mi deshonra y humillación, pues Dios dice en Proverbios 16, 18: "Antes del quebrantamiento es la soberbia, y antes de la caída la altivez de espíritu". Que horrible y verdadera es esta sentencia para toda la gente que presume de su valor, fuerza y poder y no miran a Dios que es el que sube a los hombres o los humilla como animales. A la persona que es soberbia Dios la resiste y la quebranta para que sepan que hay alguien mejor que él.

El Salmos 119, 67 dice: "Antes que fuera humillado, descarriado andaba; más ahora guardo tu palabra". Y más adelante en el versículo 71 dice así: "Bueno me es haber sido humillado, para que aprenda tus estatutos". Verdaderamente que la persona soberbia y altiva Dios la humilla grandemente, pues eso pasó en mi vida, pero después hablaremos de eso en detalles. Yo a esa edad ya sabía lo que era malo y lo hacía con toda la peor intención, a mí no me importaba Dios, si el Dios que yo le temía y el que me enseñaron a honrar era uno de palo, con taparle la cara con una toalla, o irme a otro cuarto ya con eso tenía, de veras que si esas cosas tuvieran poder me hubieran matado al yo pasarles cerca, pues siempre los maldecía, cada vez que chocaba de frente con un muñeco de papi o alguna muñequita de esas de tiza y alambres por dentro ¡Qué clase de dioses tiene la gente!

Gracias a Dios que él nos amó primero y nos regaló a Jesucristo, eso lo hizo primeramente y luego nosotros vinimos a él (Dios hace todo para el hombre, aunque el hombre sea un ingrato, impío y pecador, Dios nos ama, nos amó y nos amará por siempre). Mientras más inmundo o perverso y perdido tú te sientas recuerda, hay alguien que te hizo en el vientre de tu madre, ese jamás te dará de codo, jamás te ha olvidado, jamás te ha dejado de querer, jamás te despreciará, jamás te reprochará, jamás se reirá de tu confusa vida, él es todo para hacerte la vida feliz. Dios no espera que tú seas perfecto, recuerda que todos hemos fallado. Romanos 3,10 dice: "Como está escrito, no hay justo, ni aun uno; no hay quien entienda, no hay quien busque a Dios. Todos se desviaron, a una se hicieron inútiles; no hay quien haga lo bueno, no hay ni siquiera uno".

La Biblia no enseña que cuando vengas a Cristo dejarás de pecar, la Biblia no enseña que tú serás santo tan pronto pases al altar. La Biblia enseña que cuando tú vengas a Cristo, sea por drogas, o alcohólico, sea por homosexualidad, lesbianismo, violación, enfermedades mentales, cargado de demonios de lujurias, pasiones desordenadas, asesinatos, odios, violencias, iras, celos, malas palabras, orgías, bestialismo, que practicas el sexo con animales, adulterios, fornicaciones, robos, secuestrador, estafador, mentiroso, malagradecido, bochinchero, chismoso, hipócrita, engañador para todos estos personajes junto con el de prostitución Jesús dijo en Juan 6, 37: "El que a mí viene, yo no lo echo fuera" ¿Te atreves probar si Jesucristo puede borrar tus pecados? ¿Tienes algún problema de esta lista que te mencioné arriba para venir a Jesús como te encuentras ahora mismo y averiguar si eso es así? ¿O piensas que tú eres lo más malo y pecador del mundo? Si es así entonces léete en 1 de Timoteo 1, 15 donde dice: "Palabra fiel y digna de ser recibida por todos, que Cristo Jesús vino al mundo a salvar a los pecadores, de los cuales yo soy el primero. Pero por esto fui recibido a misericordia, para que Jesucristo mostrase en mí él primero toda su clemencia, para ejemplo de los que habrían de creer en él para vida eterna". ¿Estás entendiendo ahora? Que no todo el que anda con una Biblia debajo del brazo es un bobo, tal vez era alguien más bajo y pecador que tú, pero Jesús lo recibió como te hará a ti si sientes el vacío y la confusión del pecado en el corazón.

¿Quieres Vida Eterna? ¿Quieres vivir sin practicar el pecado? ¿Quieres dejar las cosas que estás haciendo? ¿Te sientes triste por lo que haces? ¿Sientes remordimientos en tu corazón? ¿Te sientes vacío? ¿Has pensado matarte alguna vez? ¿Te da vergüenza y asco lo que haces? Permite que yo te repita esto: Si ese es tu problema, yo pasé y sentí todo eso igual que tú, nada podía cambiar mi vida, nadie me iba a poder perdonar todo lo malo que yo fui, jamás me imaginé que alguien que para mí estaba muerto muchos años atrás me pudiera amar, se interesaba por mí y me libró muchas veces de la muerte, solo, porque me amó, yo no sé ni porqué, pues yo ni lo amaba, ni lo conocía, ni lo buscaba ni pensaba en él y ni falta que me hacía pensar en un hombre que dicen que había vivido y luego se dejó matar sin hacer nada por defenderse y de esa historia hasta mis días habían pasado 1970 años, era algo tonto para yo creer, yo prefería pensar en las pesas y en desarrollar un cuerpo que fuera la envidia de todos, jamás pensé que mi sueño fuera a resultar en una pesadilla.

Una vez recuerdo que mi padre quería cambiar la goma del carro que se había vaciado y una tuerca estaba durísima, le echaron aceite y no salía, vinieron mis hermanos mayores, y ninguno la podía sacar, cuando yo dije que me dejaran a mí sacarla, le hice tanta presión, con una fuerza tan tremenda, que rompí la tuerca, pues le estaba dando para donde apretaba en vez de aflojarla se rompió y todos se quedaron extrañados, pero salió la goma. Cuando eso yo ya tenía como 10 años. A esa edad salimos de aquel caserío y nos mudamos a una urbanización que le decían "Los Ángeles" cerca del aeropuerto de Puerto Rico; allí fui a la escuela por primera vez con mucho miedo, pues había que dar tremenda caminata para llegar a la escuela y había niños como yo, pero había muchachos también.

Recuerdo que había un payaso en la clase que yo le tenía miedo, pues cuando alguien contestaba algo primero que él, él le daba puños al que fuera, ese chico era bien malo miraba con mucho odio y desprecio a los demás, yo le tenía terror, entonces una vez la maestra me mandó a escribir en la pizarra y cuando yo venía a sentarme me dio un puño fuerte en la barriga, de ahí en adelante siempre me daba por la cabeza sin yo hacerle nada y abusaba de mí, pues él sabía que yo le tenía miedo, a veces me decía que si yo quería pelear con él que fuéramos abajo después del almuerzo, y yo me iba por otra escalera asustado.

Pero yo ya me estaba cansando del abuso y cuando pasamos para quinto grado yo le dije a mi hermano:

"Como Wilfredo se meta conmigo le voy a meter en la cara aunque después me desaparezca corriendo". Cuando empezamos las clases al otro año con otra maestra, él me dio por la cabeza bien fuerte y la maestra en vez de darle o regañarlo me dijo que por qué yo me dejaba dar tan duro y no le hacía nada, si para ella yo era más fuerte que él. Entonces el muchacho dijo: "Este lo que le pasa es que es un miedoso, él me tiene miedo a mí porque él sabe que yo...", No lo dejé terminar, le di un izquierdazo tan fuerte que cayó al piso botando sangre y yo pensé que lo había matado, la maestra se acercó me echó el brazo y me dijo de una forma insinuante y provocativa: "Tú ves que tú eres fortísimo", el muchacho me dijo que no me iba a dar ahí, que me esperaría afuera cuando sonara el timbre debajo de la escalera, y cuando sonó el timbre se lo dijo a un hermano mayor y él le dijo: "Eso te pasa por estar abusando de los más pequeños".

No peleó nunca conmigo, en vez de eso me pidió la amistad, jamás abusó de mí, él me cogió miedo a mí y ahora yo era quien hacía lo que me diera la gana en la clase. El peor enemigo tuyo es el miedo, de ahí en adelante me puse más violento, que lo que nunca había sido y cuando algún niño me hacía algo le metía en la mandíbula donde mismo le di al primero y eso era todo, no me quitaba ni la camisa.

Seguí creciendo así por mí mismo, yo me volví un malcriado que de 10 palabras 9 eran malas. Nos metimos en una casa y allí robamos muchas cosas a un ingeniero que se iba desde la mañana hasta la noche, le rompimos una ventana y por allí nos colamos ¡Qué fácil parece hacer lo malo! A los 7 días de nosotros habernos metido en la casa de aquel hombre, la Policía lo encontró muerto. Jamás yo supe quién lo mató, o si él mismo se suicidó, eso será para mí un gran misterio. Me puse a trabajar en una estación de gasolina para hacer algo constructivo y cuando vi que me sacaban el jugo por solamente $3.00 dólares a la semana, comencé a robarme el dinero que la gente me daba por echarles la gasolina y rápido el jefe se dio cuenta al hacer el inventario y quedé fuera. Esa fue mi primera botada de un trabajo, pues luego seguirían otras.

Yo me robaba las cosas por placer, no me hacían falta, pero me gustaba hacerlo, a pesar de que mi padre sin ser creyente, me enseñó a ser honrado y mi madre jamás aceptó regalos sin averiguar de dónde venían. Pues la persona que le gusta robar es muy espléndida, ya que todo lo que tiene no le ha costado nada. Cuando tu hijo o hija aparezca, con algo en tu casa, no hagas una fiesta de gozo y alegría, averigua bien de dónde salió eso, quién se lo dio, cómo lo consiguió, pues aun haciendo favores sexuales los niños consiguen muchas cosas de los "mayores".

Todo lo que te he contado a ti, no lo he hecho yo nada más, sino que todo niño y niña viene inclinado hacia el mal, por eso la Biblia dice en Proverbios 15, 21: "La necedad es alegría al falto de entendimiento". Y en Proverbios 22, 15 lo confirma al decir: "La necedad está ligada en el corazón del muchacho, más la vara de la corrección la alejará de él". Por eso yo me gozaba pecando y haciendo todo lo malo, porque era un necio, no sabía lo que Dios decía en su palabra, y robar era mi alegría, nadie se daría cuenta en la tierra, pero Dios se daba cuenta y de qué manera.

Dios quiere lo mejor para nosotros, cuando él dice algo es porque él sabe lo que dice. Tantos hijos que están presos hoy porque tú, madre y padre, no te preocupaste por enseñarles el camino correcto, por no sacar una o dos horas diarias, para enseñarles a tus hijos el mejor sendero, la mejor carrera, que es el temor de Jehová. Por eso hoy están presos, en un hospital baleado por la Policía o quizás muerto y es tan triste pensar que es por nuestra propia culpa que ellos estén y vivan de esa manera.

Usa la vara de la corrección cuando están aún pequeños y cuando crezcan darán alegría a tu alma ¿Qué haces tú, con tus hijos? ¿Los pones frente al televisor, para que no te molesten y "se entretengan"? ¿O les enseñas y lees con ellos la Biblia, para que no pasen, por las cosas que tú pasaste?... Recuerda que Dios te aconseja en su palabra, para que hagas esto que te digo, pues dice en Proverbios 22, 6: "Instruye al niño en su camino, y aun cuando fuere viejo no se apartará de él".

No es cuestión de sentarlos a ver televisión, para que sea ella quien te los eduque, sino que eres tú, padre o madre, que lees estas páginas, la persona indicada, ordenada y establecida por Dios, para cumplir su bendita y santa ordenanza. Si te los enseña o instruye otra cosa o persona que no seas tú, sufrirás las consecuencias, llorarás y lamentarás el haber desobedecido a Dios y su palabra, cuando él desea lo mejor para ti y para los tuyos. Corrige a tu hijo o hija y jamás, lo lamentarás.

Dice la Palabra de Dios en Proverbios 29, 17: "Corrige a tu hijo, (o hija es lo mismo en este caso) y te dará descanso, y dará alegría a tu alma". En el 29, 15 dice: "La vara y la corrección dan sabiduría; más el muchacho (o muchacha) consentido avergonzará a su madre". Échale un vistazo al Proverbios 13, 24 donde dice allí: "El que detiene el castigo, a su hijo (o hija) aborrece; más el que lo ama desde temprano lo corrige". Y ya para terminar con esta parte de los niños lee lo que Dios nos dice a todos nosotros que tenemos hijos e hijas a nuestro cuidado, y digo esto porque hay padres que se piensan que los hijos son de ellos, que ellos les pueden enseñar lo que les dé la gana, que ellos los tratan como les dé la gana, y que nadie se tiene que meter a decirle lo que ellos tienen que hacer, y como criar a sus hijos.

Los hijos son para Dios, y cuando él quiera nos los quita, es la gran responsabilidad de criarle un hijo a Dios, pues si está en la cárcel, muerto o en el hospital, tú responderás por su vida, por haber sido rebelde y desobediente al Dios que te dice en Proverbios 23, 12 al 19: "Aplica tu corazón a la enseñanza, y tus oídos a la sabiduría. No rehúses corregir al muchacho porque si lo castigas con vara, no morirá. Lo castigarás con vara, y librarás su alma del Seol (Infierno). Hijo mío, si tu corazón fuere sabio, también a mí se me alegrará el corazón; mis entrañas también se alegrarán. Cuando tus labios hablaren cosas rectas. No tengas en tu corazón envidia de los pecadores, antes persevera en el temor de Jehová todo el tiempo, porque ciertamente hay fin, y tu esperanza no será cortada. Oye hijo mío, y sé sabio y endereza tu corazón al camino".

La Palabra de Dios no falla ni miente, cada vez que castigamos a nuestros hijos obedecemos a Dios, y los alejamos de los malos caminos. Yo recuerdo que mi padre sin ser un cristiano evangélico cogía a mis hermanos mayores después de las 9:00 de la noche en la calle, y los sentaba en la mesa, y ahí mismo les daba en la cara, pero ya cuando nosotros fuimos creciendo mis padres ya no eran con los pequeños, como con los mayores, pues nos dejaron pasar por alto muchas cosas y nos malcriaron demasiado. Pero gracias a Dios que también nos castigaban, pero ya no, como a mis hermanos mayores. Me seguía portando mal en la escuela peleando, robándome cosas de otros niños, metiéndome en casas ajenas, fumando cigarrillos escondido.

Recuerdo una noche, que mi hermano mayor me llevó en una guagua "Volkswagen" a la playa de Isla Verde y me dejo solo en aquella obscuridad y se fue corriendo del lado mío, yo me paralicé de terror, no supe nunca, para qué me hizo esta broma, lo único que sé, fue que cuando me encontró, por poco me encuentra muerto, pues aquella soledad, el sonido del mar, la obscuridad, me aterrorizó. Jamás en mi vida olvidaría aquella terrible noche.

Yo personalmente creo, por experiencia, que mientras más miedo sienten los niños, al crecer, son más violentos, pues no confían ni en sus sombras. Un niño no puede crecer en un ambiente de malas palabras, de desorden, de miedo, de violencia, pues todo eso le crean en su pequeña mente, grandes "lagunas mentales" que para cicatrizar pasarán muchos años si el Señor no hace un milagro, verdaderamente que mi vida ha sido bien dura, pero también tuve buenos momentos.

A la edad de 10 años comencé a trabajar con mi hermano ayudándole a vender discos *"Long Playing"*, para una de las más grandes y ricas Distribuidoras Nacionales de

Discos en la calle Cerra 606, en Santurce. Ahí empezó lo que se podría denominar "Mi Vicio" por los discos. Cada vez que salía un nuevo *Long Playing* yo lo ponía aparte, para cogerlo cuando acababa el trabajo ese día. A los 6 años me gustaban los discos pequeños americanos, a los 10 me gustaban los discos grandes de Tito Rodríguez, y cada vez que sacaba uno nuevo, ese era para mí. Poco a poco comencé a coleccionar, y a juntar discos hasta que tuve más de 500 *long playing* de los mejores vocalistas de Puerto Rico, pues de ahí en adelante consumía lo que Puerto Rico producía, música de la mejor.

En los momentos más tristes de mi vida, los días de depresión o angustias yo tenía la cura, oír mi música, mi adorada y exquisita colección uno detrás del otro. ¿Cuánto tiempo estaba en eso? Desde que abría los ojos hasta que los cerraba (ese) era mi ídolo. Hay muchos pastores de iglesias y diferentes evangelistas que hablan de los ídolos que son los muñecos que mi papá tenía y que me pegaba frente a ellos que son San este San lo otro, muñecos que no hablan, caminan, ven ni oyen.

Pero mis ídolos caminaban, hablaban, cantaban y bastante ruido que hacían. El peor de los idólatras y el más repulsivo era yo, delante de Dios, pues yo adoraba gente perdida y pecadora, que parecían vivas, pero estaban muertas en delitos y pecados. Así dice en Efesios 2, 1. Seguí coleccionando discos y más discos hasta que descubrí, una vez, mientras buscaba en mi discoteca personal, un *Long Playing* de mi hermano Carmelo llamado "Bienvenido". Yo cuando vi eso dije para mis adentros, que bienvenido si todavía no lo he escuchado, pero como tenía delirio por la música me dije: "Déjame oírlo y si no sirve lo boto". Cuando lo puse salió cantando un hombre llamado Ismael Rivera y la Orquesta era de otro hombre llamado Rafael Cortijo, y desde ese día en adelante los bendije y los consagré como si fueran ángeles guardianes, jamás desde ese día, los dejaría de escuchar, cuando íbamos a vender discos y yo veía uno nuevo de ellos lo ponía aparte y le decía a mi hermano: "Yo te lo pago después" y después era: Nunca. Cambié para lo que se conocería más tarde, como la música (Salsa).

Ahora casi amanecía escuchando a Ismael y a Cortijo, todos en casa se dormían y yo me pegaba lo más que podía a la bocina de un tocadiscos viejísimo que había en mi casa, para escuchar música. Todavía me gustaban las pesas, pero me embrujaba la música de esa gente, eran unos generales del ritmo. Ya no era tan malcriado, aborrecido y violento como los primeros años de mi vida, pues esa música era como Penicilina contra la rabia y como Formula 44 para la tos, me sentía realmente bien. Una noche cogí los guantes de boxear que mi hermano Miguel tenía, me puse una bata azul de brillo y comencé a bailar con la música y a darle puños al aire, por poco amanezco bailando y peleando, fue algo realmente relajador.

En mi mente soñaba que un día me presentaría delante de un gentío y que anunciarían: "En esta esquina el boxeador del ritmo salsero" todo era un sueño, llegue a ser salsero, pero no boxeador. Cuando cumplí 11 años nunca había bizcochos ni velas para mí, pues no había dinero para eso. Eso era un lujo, por lo menos era lo que pensaba, pues yo no supe lo que era un cumpleaños hasta que pasaron muchos años y a mi única novia que tuve, que ahora es mi querida esposa, se le ocurrió regalarme un *"lighter"*, para fumar y un bizcocho, lloré como nunca había llorado en toda mi vida, pues me sentí como si fuera un rey, ella no sabía que era la única persona que me había celebrado mi cumpleaños a todo dar.

Yo soy tan fácil de que alguien me haga sentir feliz, pues la más pequeña muestra de cariño y amor casi puede matarme de un ataque al corazón, pues mi vida era tan vacía, tan triste, tan amarga. A esa edad de 11 años, mis hermanos me dijeron que iríamos para Saint Thomas, me puse tan contento ya que esa era la primera vez que salía fuera de mi Isla, pero cuando íbamos por Luquillo, el carro en que íbamos se le rompió el motor, entonces solo pudimos llegar hasta Fajardo ahí en los botes que habían, nos retratamos y había un sacerdote católico llamado Padre Teodoro (ahora está casado y tiene un hijo más alto que yo) ese hombre comenzó a tomar películas de nosotros y dejó la cámara pegada a mí, por mucho rato. Esa iba a ser mi última vez y la única que yo salía caminando, corriendo y riendo. De allí volvimos a casa, pero yo recuerdo, que regresaba muy triste, pues a pesar de lo que disfrutamos en Fajardo no llegamos a Saint Thomas, sino, que viramos. Como dos semanas después supe que el cura católico fue, con dos de mis hermanos, los demás nos quedamos en casa. Esa fue una ilusión que estuvo en mi mente muchos años, nadie sabe las cosas que pasan y piensan los niños, cuando alguien les ofrece algo, y luego hacen otra.

Tú te sentirás bien cuando cambies de idea, pero tu hijo o hija queda sin fe en lo que le prometes, y poco a poco van dejando de creer en todo, primero dejan de creer en ti, padre o madre que lees estas páginas, después en sus tíos, amigos, maestros y si no te preocupas pronto, y decides cambiar esa imagen irresponsable, dejará de creer en Dios también. Si tú tienes niños en tu familia y no puedes hacer algo, quédate calladito hasta que lo puedas hacer, y entonces hazlo para la felicidad y el bienestar de ellos, pero si no puedes, es mejor que no ofrezcas viajes, regalos, paseos, juguetes. Pues una persona mayor desilusionada es terrible, ahora ¿Cómo será un niño?... El cien por ciento de los niños viven de ilusiones, ellos no saben de mentiras, engaños, falsedades, ellos solo conocen lo que es verdadero, ellos aman la verdad, claro, hablo de personas donde el padre o la madre son sinceros, pues si los dos son hipócritas o dos mentirosos, eso es lo que serán sus hijos.

En mi caso, mi madre se destacó conmigo; como una mujer que si podía hacer algo por mí lo hacía, y si no, no prometía nada, por eso todavía a mis 32 años la sigo amando más que cuando era pequeño. En cierta ocasión nos dijo que nos iba a llevar a pasear en una lancha que va de San Juan a Cataño, y así lo hizo, pues a mi hermana Rafaela y a mí nos gustaba cantar mucho y donde quiera que íbamos la formábamos y esta lancha no fue la excepción, cantamos todo el viaje y de regreso a casa. Luego nos ofreció llevarnos a la televisión y al poco tiempo íbamos muchos niños con sus madres a la televisión, allí mi hermana y yo salimos al aire, en un programa de niños y nos ganamos unas pequeñas cajitas de Corn Flakes Kellogg's (que orgulloso me sentía, que feliz estaba).

Mi madre también se sentía contenta, pues no había perdido ese viaje a la televisión ya que dos de sus hijos se atrevían no solo a cantar en autobuses, carros y lanchas, sino, ahora por televisión también. Esa es y fue mi madre, una mujer que yo nunca sorprendí en una mentira, que jamás dijo algo que no cumpliera, todo lo que ofreció, nos lo cumplió. ¡Qué lindas son las personas sinceras! Si mi padre me hubiera apoyado como mi madre, tal vez, yo fuera hoy en día, un cantante famoso en muchos sitios, pues en verdad yo desde los cinco años vengo cantando, pero mi papa decía que eso que nosotros hacíamos era alborotar y delante de él yo me cohibía de hacer lo que sintiera hacer. Pues no quería que por desobediente me pusiera frente a una imagen religiosa por mucho tiempo y desnudo, no, era mejor callarme hasta que él no estuviera.

Cuando mi mamá veía a papi llegar, aunque estuviera lejos, ella se ponía bien nerviosa y nos decía que no hiciéramos ruido, mientras papi estuviera en casa para que ella no tuviera problemas con él, pues a veces (casi siempre) estaba borracho, hoy en día yo pienso que las borracheras de él, se debían no tanto a que le gustara la bebida, sino, porque ya no podía ver a mi mamá sola y hablar con ella sin estar presente tan grande nube de testigos, que éramos nosotros nueve, sinceramente creo que a cualquiera le daría un ataque. Mami le tenía miedo y ese miedo hizo algo negativo en mí, pues aunque yo era pequeño pensaba, para mis adentros y decía: "¿Por qué nosotros no podemos jugar, cantar y correr cuando papi esta de frente, por qué hay que callar cuando él llega y otras veces acostarse a dormir sin sueño, simplemente por temor?".

Nunca permitas que tus hijos te teman como algo que no se puede alcanzar, tú eres su padre no un ogro, tú eres un ser humano, no Dios, al único que hay que temer de esa manera es a Dios, pero tampoco con miedo, sino, con temor reverente, saber que está en todo lugar y no importa donde te metas ni lo que hagas, él te ve. Cuando mi madre nos asustaba con nuestro padre al ser pequeños corríamos y dejábamos de hacer lo que estábamos haciendo, pero cuando uno sigue creciendo ese temor se transforma, en otra emoción negativa, puede ser odio, hastío, antipatía, rebeldía y desobediencia. Por eso es que es tan peligroso que tus hijos te cojan miedo, en vez de amor, trata de ser sincero y abierto con ellos, para que ellos sean así contigo, pero si tu hijo sabe o presiente que tú lo rechazas en algo que él hace bien o está empezando a hacer, le vas creando en su mente frustración, una frustración que no habrá médico que la sane.

Tus hijos son diferentes a ti, tienen otra personalidad, no trates de forzarlos, ni amargarles la existencia cuando veas o notes que quieren cantar, reír, alborotar, aprender a tocar piano, imitar voces, no importa lo que ellos quieran hacer, siempre que no sea algo incorrecto, indecente o indeseable, está bien... Déjalos crecer sin tú ser el primero que te burlas y los criticas, eso no se olvida jamás de la mente de tu hijo. Te escribo todo esto porque esta fue mi vida, si hubiera recibido estimulo de mis padres no estuviera aquí en una mesa haciendo este libro, puede ser que estuviera bien lejos de todos y cerca de un micrófono.

A los doce años de edad todavía alzaba pesas y tenía el cuerpo bien duro, parecía como si fuera de acero, una vez fui a ver a mi mamá al hospital, pues la habían operado de algo y ella le dijo a la vecina de cuarto: "Mira mi hijo como tiene los brazos y las manos". Aquella mujer me apretó y dijo: "Wow", yo no decía nada, pero eso me inflaba el ego, pues cuando uno hace ejercicios o se pone en su peso, cuando comienzan a echarte piropos llega el momento que sube la soberbia y ahora yo me creía el hombre más fuerte del mundo, lo mejor del universo, nadie me rechazaría jamás, nadie se burlaría de mí jamás, ya yo había superado aquella etapa de la infancia, eso era lo que yo pensaba y creía. Si hubiera sabido lo que estaba preparado para mí al año siguiente, me hubiera humillado y no me hubiera dejado alabar de nadie, pero eso era algo que me gustaba.

En el año 1969 fui a muchos lugares de paseo, aunque aún trabajaba en la venta de discos con mi hermano Raymond cuando estaba libre, mi otro hermano Miguel me sacaba fuera de mi casa. En cierta ocasión me llevó al Lago Guajataca en Aguadilla y ahí nos retratamos y luego nos quedamos unos días en la casa de un familiar de la esposa de él. Nos reímos mucho con una niña que había en la casa, pues recuerdo que cuando nos vio llegar y saludar nos dijo: "Yo no sé dónde van a dormir, porque aquí no hay cama pa' tanta gente". Cada vez que pienso en esa noche me río yo solito, pues fue algo comiquísimo. Dicen que el ladrón juzga por su condición.

En esa época recuerdo que empecé a portarme mal en la escuela otra vez, mandaron tres cartas a mi casa y mi padre nunca iba (gracias a Dios) pues sino no estuviera escribiendo esto, pero en la tercera carta mami fue a la escuela y ahí le dijeron que yo era tremendo en la clase, que no respetaba a mis maestros, que rompía los exámenes que me daban, que cortaba y no iba a las clases. Era cierto todo lo que yo hacía, pero había razones para que yo asumiera esa actitud, cada vez que yo alzaba la mano aquel hombre me ignoraba por completo como si yo no estuviera ahí. Eso es algo que siempre desde que fui a primer grado me enfurecía y me ponía como un loco, tan pronto me la pudiera desquitar lo hacía sin importarme cuanto tiempo hubiera pasado de lo que me hicieron, en mi mente estaba siempre vivo y cuando menos nadie lo esperaba salía yo tirando libros al piso, rompiendo exámenes o maldiciendo en plena clase. Cuando estaba calmado, pues a mi corazón no le gusta guardar rencor y estar enojado por años, pedía perdón y entonces me ponía a cantar.

Una vez estando en quinto grado sucedió algo bien bonito en la escuela. Resulta que yo estaba en la clase de una maestra y como a mí me gustaban las mujeres, pues ahí no hablaba ni molestaba a nadie, cuando ella estaba hablando yo baje la cabeza y me puse a cantar canciones de amor suavecitas y seguía cantando, y en mi mente me fui del mundo pensando en las letras que yo pronunciaba, diríamos que ese fue mi primer éxtasis musical de momento, cuando yo caigo en sí y recuerdo que estoy en la escuela, en un salón lleno de muchachos y muchachas y una mujer joven que yo ignore por estar cantando. Abrí mis ojos y prácticamente todos los presentes estaban sonriendo conmigo y la maestra me dijo: "Te hemos estado escuchando mientras cantabas". ¡Oh Dios, que bien me sentí esa tarde! Jamás había sentido que yo pudiera hacer algo que le gustara a los demás, pues para mí todo lo que yo hacía estaba mal hecho, no sabía hacer nada bien, esa vez me robe el "show" fui el mejor tratado desde ese día en adelante cuanta cosa la maestra quería yo era el que la buscaba, fuera café, dulces, libros, lo que fuera ella contaba conmigo para todo.

Me llegó a apreciar tanto que a través de ella me aceptaron en la Patrulla Escolar, cuando me vi con esa raya blanca cruzándome el pecho, fui al salón, besé a mi linda maestra, y cuando digo linda no es porque lo fuera, sino, porque en mi corazón me hizo mucho bien ya mi mente fue cambiando poco a poco, comencé a sentirme como un Policía y cuando veía uno de verdad yo quería ser igual, pues ya en la ropa parecía uno.

En esa época, en mi país, la Policía de tránsito usaba un cinturón blanco cruzándole el pecho, por eso digo que me sentía orgulloso y feliz, yo era el primer niño en llegar a la escuela, ahora no molestaba a nadie, sino que ayudaba a las madres con sus hijos. Los acomodaba a las clases donde les tocara ir. En diciembre del 1969 me fui por 2 semanas para Nueva York y me sentí como un rey cuando el avión despegó del aeropuerto de Puerto Rico, yo pensaba que no había ido a Saint Thomas, pero que ahora iba a un sitio aun, más lejano, un lugar que yo no había visto nunca, excepto, por una foto que mi hermano mayor tenía como un poster dentro de una de sus maletas.

Cada vez que alguien decía que en Nueva York caía nieve yo me imaginaba que era como abrir la puerta de un *freezer* de nevera y caminar por arriba del hielo. Yo pensaba que solo en la tierra existía el pecado, la maldad, yo cuando veía un avión pasar por encima de mi casa, jamás pensé nada malo, pero como yo iba solo en ese avión de madrugada sin nadie mayor que me acompañara de mi familia, solo mi hermano estaría en el aeropuerto de Nueva

York esperándome. Se me sentó una mujer joven a mi lado y empezó a hacerme preguntas que ahora mismo no recuerdo, solo sé que ella me señaló para un asiento más al frente donde iban hermanas y familiares de ella, y en pleno vuelo se quitó los zapatos, y yo cuando vi eso me quité los míos también, pero yo lo hice sin malicia, sin maldad, sin pensar nada malo, pero al ratito yo siento que una pierna de ella se me pega a la mía, cuando yo la miré, ella parecía dormir profundamente y yo me dije para mis adentros: "Pobrecita". Pero la pobrecita estaba buscando otra cosa, me puso todas las piernas por encima de mis muslos y yo le eché el brazo por detrás y así me dormí encima de ella, realmente yo no hice nada más, porque yo no pensé que aquella mujer se me estuviera ofreciendo en el aire, para que hiciera cosas con ella, pues era muy mayor para mí, ya que yo acababa de cumplir 13 años en octubre.

Cuando llegamos a Nueva York, ella antes de bajar me dio el teléfono y me dijo que la buscara en esa dirección que estaba en el papel, pero con la emoción que yo tenía de ver Nueva York, me metí el papel sin mirarlo mucho en el bolsillo y seguimos a recoger la maleta, yo viaje como menor y una azafata me agarró por un brazo y estuvimos mucho rato esperando a mi hermano, yo comencé a llorar de terror, pues cuando yo noté que mi hermano no estaba en el aeropuerto, ya que lo llamaban por el altoparlante y él no venía, me aterroricé de verdad. Él me había dicho por carta que ese día estaría ahí con un *"coat"* para que yo no sintiera mucho el frio, pues sentí el frio tan pronto salí del avión, comencé a botar humo de la boca sentí miedo de pensar que nadie me esperaba, sentí confusión al ver que todos a mi alrededor hablaban otras lenguas diferentes a la mía.

Esa noche lloré tanto y tanto que la maleta me pasaba por la cara muchas veces y yo no la cogía porque pensaba que no era la mía, cuando todo el mundo tomó su maleta para irse, yo seguía frente a la rampa dando vueltas mi maleta y yo no la cogía, le dije a la azafata que esa no era mi maleta, hablaron con seguridad del aeropuerto para ver si mi maleta venia en otro vuelo, me la llevaron a mi casa o sea la casa de mi hermano mayor.

Pensar que yo iba tan ilusionado, pero la tristeza acabó mi ilusión, pues el miedo a quedarme en aquel aeropuerto tan grande y tan frio me erizó el corazón. Como a la media hora después de estar sufriendo así, apareció mi hermano como si nada hubiera pasado, yo me alegré un poquito, pero ya no era lo mismo, le dije que mi maleta se había extraviado y que la azafata había hablado con la gente de seguridad y que ellos llevarían la maleta a la casa, nos alejamos de todo aquello y cuando estábamos llegando a la casa ya se veía lo azul del amanecer, pronto seria de día.

Me sentía hipnotizado mirando los puentes, las calles, las vías de los trenes elevados, los túneles de los subterráneos, que nunca vi en Puerto Rico, y encima de eso, los edificios todos iguales de la ciudad, cuando uno va la primera vez todo impresiona, pero rápido se te pasa esa ilusión y tú deseas el calor de Puerto Rico, el color de Puerto Rico, las playas de Puerto Rico y todo lo de Puerto Rico, pues Nueva York es bien aburrido (por lo menos a los 13 años y siendo la primera vez que lo visitaba) lo fue para mí.

Allá me olvidé de la mujer del avión que me llevó a Nueva York y nunca la llamé, ni la busqué, pues me parecía como buscar una aguja en un pajar. Pasé los días con la misma ropa, pues la maleta me la trajeron a la semana de estar allá y era la misma que había estado dando vueltas por la cara, cuando vi que era la misma, me dio coraje, pues gracias a Dios que no hacía calor y no sudaba, ya que por 7 días tuve que lavar mis medias, mi ropa interior y ponérmelos otra vez, todos los días ¡Fue horrible!

Mi hermano madrugaba para trabajar y yo me quedaba solo pensando si alguien entraba a robar o si se quemaba el apartamento, pues estas dos cosas era lo más pequeño y común que le puede pasar a uno en Nueva York, pues cada dos minutos se oyen sirenas de policías, bomberos y ambulancias en Nueva York; a aquello le llaman la moderna: Sodoma y Gomorra. Ahí le ocurre a uno cualquier cosa. A veces miraba por las ventanas y estaba la gente haciendo el acto sexual, como si estuvieran desayunando, todo es tan depravado allí, que una vez desde el tren elevado vi a una mujer con un perro en la cama haciendo sexo. Que a nadie se le ocurra contradecirme, pues quien ha estado allí, aunque sea un día y una noche, sabe que en ninguna otra parte del planeta se ve lo que se ve allí. ¡Todos los inventos del Diablo, él los prueba en Nueva York primero, si allí da resultado corre hacia todo el Universo! ¿No me crees? ¿Por qué no lo pruebas?... Las más sucias películas, las drogas más diabólicas, los bailes más insinuantes, las ropas más provocativas y la música más alborotosa provienen de esa ciudad.

Yo no sabía lo que aún iba a conocer en esta ciudad, pues yo creía que iba a marcharme en 2 semanas, tuve que quedarme un mes, porque a otro hermano mío se le ocurrió venir por 2 semanas a Nueva York de vacaciones. En ese mes vi películas pornográficas, libros, revistas, mujeres de verdad dando vueltas en una mesa completamente desnudas, ahí me acabé de dañar mi cerebro casi para toda la vida. Cuando un joven comienza a ver estas cosas, todo lo que piensa, todo lo que dice y todo lo que hace, es por influencia de esta maldad, de esta depravación, si en vez de enseñarme toda esta basura, me hubieran ensenado la palabra de Dios, hoy fuera un hombre de Dios, pues en el Salmo 119, 9 dice: "Con que limpiará el joven su camino, con guardar tu palabra".

Ya mi vida estaba cogiendo un giro feísimo del cual para salir tendría que pasar por muchos problemas. Pues de los pensamientos y actuaciones perversas no se sale fácilmente, máximo si te llevan a lugares de perversión donde tú ves todo lo que hace la gente cuando no tienen a Dios. Al mes salí de aquella inmunda ciudad, el día 25 de enero 1970 llegamos a Puerto Rico, yo la noche anterior todavía estaba en Nueva York con mi hermano en una guagua de la ciudad e íbamos camino a la casa de mi tía Gloria y no sé por qué razón comencé a llorar mucho en la guagua, viendo los edificios, la gente, las calles, era como un presentimiento de que nunca más vería con mis ojos aquella ciudad, era algo bien extraño, pues no tenía razón de llorar y, sin embargo, estaba llorando. Pensé que jamás volvería a ver nada de aquello y casi, casi se me cumple el presentimiento.

La adolescencia

El 25 de enero de 1970, después de haber pasado todo un mes de pecados diversos llegamos de regreso a Puerto Rico, con todo y ser más pequeño que Nueva York y no caer nieve ni tener edificios tan altos y bonitos como en Manhattan, me conformaba con ver las playas azules y el cielo siempre en diferentes colores, no el gris que tiene Nueva York. Volví a la escuela después de pasar la peor Navidad en Nueva York, pues jamás se pasa igual que en Puerto Rico, con su música y su alegría. En Nueva York todo es monótono, a las 4:30 p. m. ya es de noche y todo lo que hace uno es lo mismo, sea Navidad o sea la fecha que sea, no se disfruta como en los países tropicales.

Al mes de haber llegado de Nueva York, el avión que me trajo a mi isla se estrelló en Santo Domingo, lo supe porque mi hermano mayor me dijo que ese avión DC.10 de la Eastern Airlines fue el mismo que nos había traído un mes antes. En ese accidente de febrero de 1970 murió un boxeador dominicano y el equipo completo de voleibol Femenino de la República Dominicana. Todo el mundo se conmovió con ese accidente y Dios me había librado de morir en esa forma y yo no lo sabía.

Pasó el tiempo y en mayo de ese año de 1970, me gradué de sexto grado, y fui tratado muy bien, por todos mis maestros, compañeros y el director de la escuela. Mi madre como siempre estaba contenta conmigo, yo era bien feliz, pues ya me faltaban seis años más, para ser un gran policía, ese era mi sueño oculto y siempre que pudiera, era lo primero que pensaba. Esos dos meses de vacaciones los disfrute muchísimo, pues salíamos toda la familia al campo y a la playa, o me iba a vender discos, con mi hermano Raymond, lo cual me gustaba mucho. Yo cantaba canciones en los viajes que hacíamos, siempre iba cantando, pues para mí no había ningún problema.

Así pasé el mes de junio, pero en el mes de julio del 1970 cogí un retrato que mi madre tenía del presidente John F. Kennedy y saqué la foto de él y comencé a poner fotos mías en aquel marco, luego lo cerré con tape y a mi madre le dio un coraje tan grande que por poco me pega. Cogí la guagua y me fui para San Juan a caminar y a llorar pensando que mi mamá quería más al presidente muerto, que a mí, que era su hijo y estaba vivo.

Fui a una urbanización que se llamaba "Los Ángeles" en Carolina y allí pedí un disco de Paul Anka, me lo regalaron y seguí aumentando mi gran colección de discos. A la semana siguiente mi padre me preguntó que, si yo quería ir con él a la playa y yo le dije que sí, y fui con él y disfruté muchísimo ese día, pero (Jamás me lo sospeché) nunca había pensado que mi padre había consultado a una espiritista y ella le había dicho que se fuera al mar a bañarse que dentro de una semana todo iba a cambiar, para bien ¡Se equivocaría la diabla esa! Ya para esa fecha mi hermano vendía discos por su cuenta y también vendía juguetes.

Sucedió que el día 24 de julio me dijo que me quedara esa noche en su casa, ya que al otro día era día de fiesta. Me quedé en el cuarto donde estaban las cajas de juguetes que él tenía para la venta, y yo que nunca había tenido juguetes cuando era pequeño, me volví como loco y pasé toda esa noche abriendo cajas y jugando con carritos, grúas y otros muchos juguetes, amanecí literalmente toda esa noche del 24 al 25 de julio del año 1970. Leí el periódico de ese día 25 como a las 5:30 a. m. y cuando amaneció recuerdo que vi un sol bien rojo y me impresioné, pues en Puerto Rico no sale el sol jamás como yo lo vi salir ese día, parecía como si fuera a ocurrir el fin del mundo o algo terrible.

Así seria, no para el mundo entero, sino para mí y mis familiares más allegados. Recuerdo que mi hermano Raymond, se levantó tarde ese día 25 y me dijo que como era día de fiesta nosotros íbamos a aprovechar ese día y pintaríamos las rejas de la casa de él. Pero que primero iríamos a la casa de mami para buscar un "Solvente" llamado "Aguarrás", para quitar y raspar la pintura vieja y preparar las rejas para pintarlas. Cuando llegamos a casa de mami eran como las 2:30 p. m. y ahí mi hermano le contó que yo no había dormido, ni quería comer nada y mi madre que es una persona que no puede ver a nadie sin comer, inmediatamente se puso a hacer comida. Mientras tanto mi hermano y yo nos fuimos a la marquesina (garaje), para buscar el "Solvente", (había varios) teníamos que quitar las tapitas y olerlas, ya que la envoltura de estas latas no las tenía por fuera, ahí estábamos nosotros dos, seleccionando a través de la nariz, cual de aquellas tres o cuatro latas era Aguarrás.

Cuando las olimos todas, él me dijo: "Toma, cógete esta, y ponla por ahí, para irnos después del almuerzo". Bueno comimos una sabrosa comida y así lleno, como estábamos, mi hermano me dijo: "Vámonos". Yo fui a la marquesina (garaje) corriendo para buscar la lata de Aguarrás, supuestamente, pues aquella lata contenía

"Thinner" y ninguno de nosotros nos dimos cuenta, ya que olían casi iguales, pero el Thinner es muy inflamable, esa es la gran diferencia. Le di un besito a mami, pues la vería por la tarde de ese día (pensé), pero cuando llegue a la guagua (Van) mi papá era el que la iba a manejar, mi hermano estaba sentado con su esposa y su hijita, Wanda, de un año de edad en la falda de mi cuñada, mi tía Gloria estaba en el otro asiento que había al lado del motor y pegado a la ventana yo que venía con la lata misteriosa, no encontraba donde sentarme, entonces les dije: "Ábranme espacio aquí, encima del motor".

Hacía un calor tan horrible y cuando yo por fin me acomodé con las piernas detrás del asiento de papi y por encima de la batería de la guagua en ese mismo instante Raymond (mi hermano) dijo: "Espérate papi, un momentito, voy a cambiar un billete de $ 20.00 que tengo aquí" y cuando se salió de la guagua (Van) mi tía dijo: "Ay, hace mucho calor, yo me voy a bajar aquí, para coger fresco".

En ese instante mi cuñada se pasó para el asiento que estaba al lado de la puerta para coger aire y yo estiré las piernas como pude y papi se dispuso a prender la guagua (Van) y cuando la va a *Startear* yo bajé la lata que tenía entre los muslos, para la parte de abajo, sin mirar y la puse entre los dos poros de la batería, pues no tenía casco protector, y ahí mismito comenzó a despedir chispas que volaban para todos lados, recuerdo que cuando yo vi la lata botando chispas le di con la pierna derecha, para que no explotara aquella sustancia, pero ya era demasiado tarde, se formó un infierno en mi cara, se me quemó la pierna con la cual le di a la lata, mi papá se quemó la espalda y salió rápido de la guagua (Van), mi cuñada estaba con mi sobrinita sentada frente a mí, así fue que yo esperé que ella saliera, pero al tratar de salir se puso tan nerviosa, que en vez de bajar el cristal para que entrara el aire lo cerró, y yo quedé asfixiado adentro.

Mi papá abrió la puerta del chófer y me gritó que me saliera por la otra puerta lo cual lo hice tan rápido como pude, pero al abrir la portezuela del lado derecho para salir, la piel de mi mano al hacer contacto con el hierro caliente, se derritió, como cuando fríen un bistec, salí afuera y eso era un corre y corre, pues la gente no sabía qué hacer, mi hermano Raymond cogió a su esposa y a su hijita y se olvidó de mí, yo lo llamé a gritos pero no me escucho, pues todo era confusión, dolor y corridas.

Otro hermano mío llamado Johnny que ese día había amanecido con hongo en el oído y al cual mi papá iba a llevar al hospital, luego que nos dejara en la casa de mi hermano, fue el único valiente que se tiró encima de mí y con sus propias manos, me apagó. Jamás olvidaré ese hermoso gesto que tuvo conmigo cuando estuve al borde de la muerte. Fue tan trágico, lo que pasó ese día en mi casa que a mi hermano se le curó el hongo milagrosamente, pues los que irían al hospital serían los que momentos antes estaban sanos y a 1 o 2 minutos estaban hinchados, desfigurados y horribles, con la piel colgando en pedazos. La gente me dijo que no corriera y me tirara al lado de los zafacones donde había arena, y ahí me apagaron.

Me dieron hasta con una escoba abriéndome la frente, pues la verdad fue que cuando salí de la guagua (Van) y el viento me dio, me prendí como una antorcha y yo lo que pensé fue en correr desesperado de aquel infierno que me quitaba la piel y me arrancaba la vida, pero la gente me paró y no me dejaron correr más. Apareció un muchacho llamado Tony, con un carro y nos llevó al Dispensario de Cataño cerca de donde pasó el accidente, ahí los médicos vieron que la cosa era grave y me pusieron una inyección de morfina, la cual no me quitó el ardor, pues era algo horrible lo que yo sentía.

Camino al hospital mi hermano Raymond me había dicho que él había visto muchas personas quemarse y que todos habían quedado bien, y que eran normales (Que Dios lo perdone) él me dijo años después, que él me mintió, para darme consuelo, pues yo estaba como un loco en aquel carro y hablaba desesperadamente de mi muerte. Vino un carro de policía a buscarme en aquel Dispensario, para llevarme al Centro Médico de Rio Piedras (lugar el cual sería mi hogar, por los próximos meses). Por el camino aquel policía iba con calma, sin sirena y parándose en cuanta luz roja había, mientras yo gritaba y me estremecía de dolor y ardor.

En el camino se nos cruzó mi hermano Miguel el cual yo quería mucho, le grité su nombre bien fuerte, pero cuando él miró hacia aquella patrulla de Policía, jamás pensó que su hermano más pequeño estaría ahí adentro a punto de morir... Por fin llegamos y buscaron una camilla, me acosté allí, y me llevaron corriendo a la sala de emergencias, allí se pusieron unos guantes y comenzaron a cortarme los pedazos de piel que ya me colgaban. Fue algo bien desagradable. Los médicos dijeron que había sufrido quemaduras de primer, segundo y tercer grado en un 75 por cierto de mi cuerpo.

Me pusieron debajo de unas lámparas gigantescas y ellas me fueron sacando el calor del cuerpo y me fui poniendo negro e hinchado y me dormí... Por fin. Pero antes de quedarme dormido, recuerdo que me dio una sed bien fuerte, cuando se lo dije a un hermano mío para que me comprara refrescos (Los médicos le habían hecho una señal) él me dijo que cuando saliéramos de allí, me lo compraría. Me dormí con sed... Dos hermanos míos fueron a verme cuando estaba en ese lugar con aquellas lámparas y estaba tan hinchado, tan horrible, que ellos no me reconocían como su hermanito menor y se desmayaron.

Los días pasaban y yo no despertaba. Estaba en un lugar temible al que llaman "Intensivo" ahí a usted lo ponen entero y sale en pedazos y la mayoría de las veces sale muerto, es terrible ese sitio. A mis familiares solo les permitían verme 5 minutos cada uno, no más. Mi madre nunca entró a verme, si ya no parecía ni la sombra de lo que fui, era una manera realmente deprimente, mirarme en aquellos días. A mi padre lo metieron en el mismo cuarto, pero como él no se quemó tanto salió rápido gracias a. Dios.

Yo estuve mucho tiempo sin poder reconocer ni a papi, ni a nadie de mi familia, la gente venía a hablarme y cuando yo los trataba de mirar, los veía con gabanes (trajeados) y con ropas que ellos no tenían puestas en ese momento. Yo creo que la gente pensaba que yo me había vuelto loco o que deliraba, yo no sabía lo que veía frente a mí, pues mis ojos estaban horriblemente hinchados, las piernas, los brazos, la cabeza, todo estaba monstruoso.

En este mundo no hay nada peor que una quemadura, no hay nada más traumatizante, nada que haga tanto daño, como ver su cuerpo en carne viva, oliendo a podredumbre y hacer todas tus necesidades en una cama sin poder moverte para ningún sitio y estar mirando al techo de una habitación, por segundos, minutos, horas, días, semanas y meses. Cada vez que yo despertaba y me veía solito yo me preguntaba: "¿Por qué de tantos hermanos que tengo ninguno ha venido a verme?". La razón era que cuando ellos se paraban a mirarme yo estaba con una inyección de Morfina en mi sangre y dormía profundamente.

Yo quería despertar y ver a alguno de ellos conmigo, ver a mi dulce madre pasándome la mano por la cabeza, aliviando mi terrible dolor, pero mi madre y mis hermanos eran la tristeza y la soledad más inhumana. No había nadie que me consolara, solo tenía una sábana por encima sin nada más que gomas por todos lados, frio, dolor, lágrimas, sufrimientos horribles, la peor de todas las soledades, y digo la peor porque, aunque usted esté preso y sufra, su carne esta sanita, pero si estuvieras preso y terriblemente quemado no tendrías esperanza de salir con vida de esa prueba.

Yo bebí de las dos copas hasta la última gota. A las tres semanas desperté de aquel primer sueño, cuando estuve en la sala de operaciones, pues a cada rato me llevaban a injertarme piel. Perdí mis talones de los pies por estar en aquella misma posición por tres semanas.

Después los doctores se reunieron otra vez, pues había problemas con la circulación de la sangre en mis piernas, ellos pensaron que lo mejor que podían hacer era cortármelas; una mañana me llevaban a la sala de operaciones para amputar mis piernas, y cuando me pusieron en la camilla con aquellas lámparas gigantes para dejarme sin piernas, recuerdo que uno de los doctores me toco los pies con algo filoso y yo le dije: "Doctor, tenga cuidado que yo estoy sintiendo". Él me dijo que no podía ser, puesto que mis piernas estaban muertas, y yo le dije: "pues yo siento lo que usted me está haciendo", entonces él dio la orden y me llevaron para mi cuarto y no me cortaron las piernas milagrosamente.

Dios me había librado de ese quebrantamiento literal en mi cuerpo. Poco tiempo después de esto, vino un doctor y me llamó, cuando desperté vi que él tenía como una cajita de papel Kleenex, lo que traía en esa caja era como unas gazas y un bisturí, nuevos. Puso aquellas gazas alrededor de mis oídos y comenzó a cortarme la piel del cartílago de mis oídos y a sacarme la pus. Hasta que me desapareció la oreja, dejándome esa parte parecida al cuajo del lechón. Fue algo realmente doloroso para mí, que no termino allí, pues aún faltaban los días de burla que vendrían después en la calle, con la gente sin sentimientos que hay.

Aquel doctor después de terminar aquella tortura china se fue y me dejó con un dolor indescriptible en esa parte de lo que fue mis orejas, me coció con aguja e hilo y todo esto que yo estoy contando fue sin anestesia, eso él me lo hizo a "Sangre fría". Nadie sabe cuánto dolor yo experimentaba a mis 13 años. En esa misma fecha vino un doctor a ponerme un follie (esto es un goma por la uretra para poder orinar), y primero me metió un *Q-tips* grande por la uretra y comenzó a darle vueltas como cuando alguien se limpia los oídos, yo gritaba de dolor, pero él seguía haciendo su maligno trabajo, cuando terminó agarró la cajita que también parecía de Kleenex y me metió una goma por la uretra hasta le vejiga, aquello me hizo brincar, gritar, patalear, maldecir.

No hay palabras para describir mi gran dolor, por mucho que lloré, sé que jamás superaré a las lágrimas de aquellos días, pues esa fue la primera vez que noté y vi, y sentí, lo que me hacían los médicos, pues esa goma yo la tenía puesta desde que llegué al hospital cuando me fui inconsciente en la sala de emergencias, ahí comenzaron a hacerme esto, de otro modo como se explica que cuando este doctor vino a limpiarme la uretra yo ya tenía un follie viejo, después que me arrancó el follie viejo me metió ese *Q-tips* esterilizado para ver si yo tenía infecciones en la uretra por el tiempo que llevaba el otro sin cambiármelo.

Qué cosa más horrible cuando te cambian esas gomas viejas y vuelven y te ponen otras para que puedas orinar, si no te pudres en tu propio orine. Todos los días me llevaban a los tanques de aguas calientes con temperatura a ciento diez grados F. Yo recuerdo que no había en mí nada sano por donde agarrarme cuando me llevaban en una camilla a esos tanques que son como bañeras, me tenían que agarrar como con una grúa que tenía cadenas, correas y me las ponían alrededor del trasero y comenzaban a subirme, sacaban la camilla debajo de mí y entonces comenzaban a bajarme al tanque, el dolor tan grande que eso me causaba no lo puedo expresar solo sé que la sangre que me salía del cuerpo manchaba la camilla, el tanque tenía agua blanca yo la enrojecía de sangre, pues me salía chorros de sangre como si fuera agua en todo mi cuerpo.

Luego con una gaza me iban limpiando la crema vieja que me ponían los doctores llamada Sulfamilon, era una crema blanca que ardía más que mi quemadura. Cuando me limpiaban todo eso en los tanques, mi piel se quedaba en "carne viva" cuando ya estaba tan limpio como un bistec de cualquier supermercado, entonces me ponían las correas malignas a través de mi espalda y trasero y comenzaban otra vez a subirme hasta sobrepasar la camilla, la ponían debajo de mí y comenzaban a bajarme hasta acostarme en ella y mi pobre camillita que me la ponían con sábanas blancas y limpias y yo volvía a ensangrentarlas y a pintarlas de rojo con mi propia sangre.

Gritaba de terror, pues aquella grúa que no era otra cosa que hierro con cadenas y correas molestaba en mi carne viva y a todo esto tengo que añadir que salía temblando de aquel tanque, pues recuerde que era ciento diez grados F y al salir de ese infierno me daba el frio del aire acondicionado y era tremendo contraste como si a una persona lo sacaban de un horno ardiendo a un freezer gigante, ¿Qué le pasaría? Pues eso era lo que me hacía temblar como pescado fuera del agua.

Este bañito del diablo había que hacérmelo todos los días, todos los días me venían a buscar para bajarme a los tanques, pero una mañana yo noté algo raro y era que cada vez que yo llegaba a bañarme, ellos cubrían los espejos, todos los espejos que habían, con papel de periódico y los pegaban con tapes, pero una vez yo me di cuenta y les pregunte por qué hacían semejante cosa, y entonces me dijeron que era para que los espejos no se ahumaran con el calor que había allí, pues yo no sabía que aquel médico que me opero y coció mis orejas me había desaparecido toda la parte de arriba, pues para mí yo me sentía normal pero no era así, parecía un monstruo, y sin orejas parecía al mismo demonio rojo.

Así que la verdadera razón era que ellos hacían esto de tapar los espejos para que yo no viera lo espantoso y horrible que me veía. Pues creo que yo mismo me hubiera echado a correr de miedo. Pero no teniendo talones para huir, era preferible que no me viera. Los días eran monótonos y todos parecidos. Un día estaba mi cuñada dándome mantecado y de momento dejé de respirar y ella llamó a las otras enfermeras y rápido avisaron a un médico. Mi cuñada dice que se puso bien nerviosa, pues ella era la que tenía que darle la noticia a mi familia de que yo había muerto mientras ella me daba *Ice cream*.

Yo recuerdo que en ese instante de la muerte yo me salí de este cuerpo y comencé a ver el cuerpo quemado en la cama acostado con una sábana blanca solamente, pues no tenía ropa puesta alguna. ¡Miraba mi cuerpo ahí tendido y postrado con gomas por todos lados! Y la pregunta que vino a mi mente fue: "¿Qué hago yo aquí afuera mirando mi propio cuerpo quemado? ¿Qué es lo que pasa? ¿Qué yo hago en el aire? ¡Dios mío! ¿Qué me paso?". Aunque usted no lo crea ahí estaba mi espíritu separado del cuerpo como dice y asegura la Biblia en Eclesiastés 12, 7 "Y el polvo vuelva a la tierra como era, y el espíritu vuelva a Dios que lo dio". Aquí estaba pasando exactamente eso, el espíritu se separó del (cuerpo) polvo y mi espíritu se iba a Dios que lo había dado y puesto allí, pues hay que recordar que el ser humano es tripartito y está dividido en tres partes que complementan el ser, como dice en 1 Tesalonicenses 5, 23 "Cuando alguno de los tres se separa ocurre la muerte".

La verdad es que yo salí de mi cuerpo y esto lo vi y lo experimente realmente no puedo decir cuántas horas o minutos duro la experiencia, pero si, recuerdo que llegué al techo del hospital y al mirar hacia abajo, veía la cama y mi cuerpo quemado se veía sin vida, ya.

Subí por aquel techo para arriba, traspasaba las paredes y llegue a las afueras del hospital y seguía rumbo a las nubes, todo se veía abajo demasiado de rápido, no se distinguía nada arriba, pues iba a una velocidad increíblemente rápida, me detuve en un lugar donde había un portal muy alto, había unas flores azules muy bellas y yo tocaba aquellas flores, pero nadie me abría la puerta no sé cuánto tiempo estuve allí afuera de aquel portón, nadie parecía enterarse de mi presencia, de repente, aparecieron personas muy bonitas detrás de aquellos portones sonreídas, pero ninguno de ellos abría la puerta, yo me decía para mí mismo; "¿Por qué no me abren para yo entrar allá adentro?" Ellos no me abrían por la sencilla razón que más tarde lo leí en la Biblia, cuando Jesucristo dijo en San Juan capítulo 10:9 "YO soy la puerta; el que por mí entrare será salvo; y entrará, y saldrá, y hallará pastos".

Yo en ese tiempo no conocía la Escritura Sagrada, pues teniendo 13 años de edad no sabía que Jesucristo había venido y nos había hablado del cielo y de todas las cosas que hay por allá. Si él era la puerta era lógico que, sin él en el corazón, y sin su autorización, nadie abriría aquella puerta que sería el camino hacia la vida eterna, estoy seguro de que de haber conocido a Jesucristo y su palabra hubiera entrado sin problemas a vivir allá en ese lugar tan diferente a la tierra.

La gente me miraba y sonreía, pero seguían adentro y yo afuera. Sentí un deseo irrefrenable de mirar mi cuerpo, pues yo no estaba llorando ya, parecía como si hubiera sido lo del accidente como una pesadilla, cuando bajé mi vista buscando ver mi carne achicharrada, vi algo realmente fantástico. Mi cuerpo estaba completamente sano, y la ropa que me cubría era una vestidura blanca desde mi cuello para abajo, mis pies también estaban sanos y con una especie de zapatos, también blancos. Hay dos cosas que yo quisiera explicar aquí, para que me entiendan bien, lo primero es, que lo de las vestiduras blancas se encuentra en Apocalipsis, en dos versículos reveladores, el primero está en el capítulo 3, 18 y dice: "Por lo tanto, yo te aconsejo que de mí compres oro refinado en fuego para que seas rico, y vestiduras blancas para vestirte, y que no se descubra la vergüenza de tu desnudez; y unges tus ojos con colirio para que veas". ¡Todo esto yo lo vi cumplirse ante mis ojos en aquel lugar maravilloso, cuando Jesucristo dice algo, verdaderamente él lo cumple, sea aquí o en el más allá, Jesús cumplirá lo que prometió! ¡Qué bueno es creer la palabra de Jesucristo! Y la segunda cosa que quería aclarar era que han pasado 19 años desde este accidente, y yo jamás he podido usar zapatos, pues cuando salí del hospital yo usaba sandalias, y luego comencé a usar botas hasta hoy, pero jamás he podido usar zapatos, como los usé por allá arriba.

Aunque nunca pude entrar allá adentro, fue una experiencia que jamás en la vida olvidare. Luego de verme así con vestiduras blancas comencé a bajar de aquel lugar otra vez, todo era bien rápido y no se podía distinguir, ni lo que veía y donde era, de repente me vi en el techo del hospital otra vez, y bajé hasta mi cuerpo, aquel cuerpo quemado yo no lo quería, yo me sentía bien como estaba, no veía la razón por la cual tuviera que entrar en aquel espectro, pero por razones desconocidas y como obedeciendo a una orden superior, entré en aquel cuerpo y al meterme dentro, sentí como si hubiera traspasado una pared, y entonces abrí mis ojos, y en ese momento escuché cuando un doctor apuntaba en una libreta las defunciones de ese día, y le preguntaba a una enfermera: "¿El de la cama 7 y el de la cama 8 murieron?". Cuando yo oí eso, dije bien alto: "El de la cama 8 está vivo todavía". Pienso en el susto que se habrá dado ese doctor que luego de darme por muerto, yo hablara, pues efectivamente el hombre de la cama 7 estaba muerto, y al rato le taparon la cara con la sábana blanca, y más tarde lo empaquetaron todo y lo enviaron a la morgue.

Eso mismo iban a hacer conmigo, pero el gran Dios del Cielo no lo permitió, gracias por su misericordia. Me comencé a quejar del dolor, y ahí se dieron cuenta de que verdaderamente yo estaba en el cuerpo otra vez, pues yo los llamaba a gritos, me pusieron a dormir como siempre con una inyección de morfina. Se estaba desarrollando una gran experiencia con Dios. Todo transcurría igual, después de esta experiencia, seguía yendo a los baños todos los días a quitarme la crema vieja y dejarme en la carne viva, y botando sangre a chorros, cuando me cogían con aquellas cadenas para levantarme de la camilla al tanque, y luego al terminar, del tanque a la camilla otra vez, yo gritaba como un loco.

A la semana de esta pesadilla, vino a verme un tío llamado William, y este hombre era un siervo de Dios (teniendo solo 5 minutos para verme) no desperdició el tiempo, rápido se puso a orar, y a llorar, y de repente comenzó a hablar en otro idioma que yo no comprendía, pues a pesar de no entender nada de lo que él me decía yo estaba postrado allí, pero sentía en lo más profundo del corazón que allí se está desarrollando una gran experiencia con Dios, era algo tan raro, y a la vez, tan santo, que yo miraba a mi tío como si fuera un ángel de Dios, la sorpresa para mí fue gigante cuando de repente comenzó a hablar en español clarito y me decía: "Yo soy Jehová de los ejércitos y yo te voy a levantar sobre tus pies" "Yo soy Jehová de los Ejércitos y yo te voy a levantar sobre tus pies" "Yo soy Jehová de los Ejércitos y yo te voy a levantar sobre tus pies". Eso Dios me lo dijo 3 veces para que nunca se me olvidara que a él le debo la vida, la salud y el caminar, ya que, si no hubiera sido por el Señor, estuviera hecho huesos.

Mientras, Dios me hablaba a través de mi tío yo podía ver que en aquel techo del hospital había como un manto o sabana que resplandecía con más fulgor y brillo que la luz eléctrica que siempre era la que alumbraba la habitación. Cuando yo vi esto me asusté, pues yo no sabía nada de las cosas espirituales, ya que una experiencia así no se tiene mirando los ídolos muertos, solo se tiene temor cuando se está frente a un Dios que habla y deja ver su virtud y gloria como ese día, yo la podía palpar en aquella habitación. Yo nunca dudé que aquel que me habló fuera el Dios viviente, pero yo comencé a enflaquecer mucho, ya los huesos de la barriga se me veían, ya era como si fuera un acordeón pues las teclas estaban por fuera.

Un día vino una enfermera a sentarme en una silla y cuando yo que estaba desnudo y tan flaquito toqué aquella madera con el trasero yo lo que tenía era huesos en mis posaderas y grité de desesperación, de frustración y coraje. De mi cuerpo atlético no quedaba ni la sombra. Aquel dolor horrible que yo sentía y los médicos me hacían llorar cuando al pasar me decían que yo estaba bien ya. ¡Qué ironía! Yo me moría de sufrimiento, de soledad, de dolor, de ardor, de flaquencia, parecía que me habían extraído de alguna tumba para exhibirme y esperar cuanto resistía antes de volverme a morir.

Los huesos de la columna vertebral se me pinchaban en la silla, mis lágrimas bajaban por millones, a veces era mejor haber muerto que estar vivo y sentirme tan invalido, tan inútil, tan horrible, tan quebrantado, les digo a todos los que leen estas páginas que no hay mayor sufrimiento que el que yo pasé, se lo digo de todo corazón. A los 5 minutos de darme esta tortura que para mi cuerpo destrozado parecían siglos, me acostaban otra vez en la cama y al otro día me volvían a hacer lo mismo. ¡Cuánto yo sufrí en ese hospital solo el Dios crucificado Jesucristo sabe mi dolor! Siguieron pasando aquellos inolvidables y horribles días de pesadilla, me sacaron de Intensivo como a los 2 meses desde el día que me quemé y ahí era un poco diferente, pues ahí pude ver a mi santa madre después de 2 meses sin mirarle la cara, y ella que no había visto mi monstruoso rostro por tanto tiempo, me puso la mano en la cabeza y a pesar de tener mis ojos hinchados de tanto haber llorado todo ese tiempo, reconocí que aquella mano era una mano de amor, una mano de consuelo, una mano de comprensión, una mano distinta a todas las manos que me habían torturado esos meses, ya mi corazón sentía miedo cuando me tocaban, pues era para cortarme la piel, las orejas, los talones o sondearme, por eso cuando sentí esa mano tan diferente sentí paz y cuando abrí los ojitos desfigurados del dolor.

Ahí estaba mi linda y adorada madre, la que tantas veces me había acariciado y acurrucado en sus brazos ahora solo podía tocar mi cabeza, pues no había nada sano en su hijito. Cuando miré que me habían sacado a otra sala, me sentí feliz de ver el sol, el mundo, la gente que caminaban a ver a otros pacientes, mi propia familia que ya podrían verme no uno por uno, sino en grupos, ya se acababa la terrible soledad en la cual me habían encerrado por 2 meses, volvía a ver a mi dulce madre y aunque no podía abrazarla y besarla me agradaba contemplarla cerca de mí... En esta sala estuve 2 meses más, diría que la pasé mejor que en Intensivo, si no fuera por varias cosas también desagradables que pasaron aquí en este lugar.

Lo primero era que no se podía descansar bien, pues a las dos o tres de la madrugada venían los doctores o un doctor a curar a todos los pacientes ¿Porque lo hacían a esta hora tan crítica? Es algo que yo también me lo preguntaba, pero jamás les dije nada. Nos sacaban la sangre (la mía era de los muslos), nos quitaban aquellas vendas mal olientes, nos ponían nuevos vendajes y luego una deliciosa inyección y digo así, aunque a usted le parezca raro, puesto que para mí la inyección era lo mejor de todo, ya que comenzaba a enviciarme y además era lo único que me aliviaba aquel horrible tormento infernal.

Todas las noches era lo mismo pastillas e inyecciones, pastillas e inyecciones, ya yo no podía vivir tranquilo si no me ponían una inyección. Recuerdo que una tarde vino una enfermera y yo le pedí llorando una inyección y ella se fue e hizo el intento de que me la iría a buscar y al tardarse como 10 minutos yo pensaba que la estaba preparando y mi corazón estaba feliz pero exteriormente me hacía el grave, de momento ella apareció y me la puso, y yo al instante de ella ponérmela comienzo a decirle que ella era la más linda y buena de todo el hospital ¡Que Dios la bendijera! Bueno yo le dije 20 cosas agradables y cuando yo creía que había cumplido y terminado con ella, me viré para dormirme y en ese momento oigo la voz de la enfermera que le dice a Carmelo (mi hermano): "Carlos está enviciado, pues yo le acabo de poner una inyección de agua, yo voy a hablar con su médico para que no le mande más inyecciones", dicho y hecho, desde ese día no me pondrían más inyecciones a no ser que pasara largas horas de agonía y esperara mucho tiempo lo cual me fue quitando el hábito de la inyección.

Este es el peor riesgo que cogen los médicos y los familiares de una persona que pase una terrible experiencia como esta. La persona puede salir adicta a las drogas, si no lo descubren a tiempo como me descubrió esta enfermera a mí. Después de esto lo único que me daban era pastillas cada 4 horas o cuando fuera necesario, no me gustaban tanto como las inyecciones, pero no había alternativas. Los días en los hospitales pasan lentos, los minutos parecen horas, las horas parecen días y los días parecen años y las semanas parecen siglos. La visita parece que nunca llegara, es un desespero increíble. A pesar de que siempre había un miembro de mi familia conmigo, yo deseaba verlos a todos a la misma vez.

Nadie sabrá cuanto sufre la gente que viven hospitalizados y sin poderse valer por sí mismos, pues cuando uno está grave no sufre, ya que tú no te enteras quien vino, cuantos vinieron, de los que no vienen casi nunca y de los que nunca van a verte a un hospital (esos son los peores). Por eso la Biblia los sitúa al lado del diablo cuando dice en Mateo 25, 43: "Estuve enfermo y en la cárcel y no me visitasteis". Verdaderamente que la única persona que entiende todo el sufrimiento del mundo, es Dios, aquí abajo no hay quien pueda comprender el dolor humano ni mucho menos decir aquellas frases hipócritas "Estoy contigo en la pena", mentira, nadie carga el dolor de nadie, nadie sabe la amargura ajena, nadie puede llevar tu amargura. ¿Qué dice en Proverbios 14, 10? "El corazón (solo tú) conoce la amargura de su alma; y extraño no se entremeterá en su alegría".

Dime cualquier mentira que se te ocurra para consolarme, más ten por cierto que solo yo y el Dios del cielo conoce cuánto dolor yo he llevado, llevo y llevaré por el resto de mi vida. En ese sitio yo probé lo que era la amargura a su nivel más alto. Pues a veces venían personas que iban a ver a otros y hacían exclamaciones tales como: "Huy, ¿qué es eso?" Risas, risas, risas y miradas como si fuera yo un ser infernal.

Yo recuerdo que le tenía que pedir al que estuviera cuidándome que por favor me cerrara la cortina, para que nadie me mirara y se horrorizara, ahí fue creándose en mí un complejo que se quedaría siempre como maldito compañero. ¡Cuando chiquito yo había tenido pensamientos negativos por causa de mi cuello virado, pero ya eso yo lo había superado bastante, pero cuando la gente se detenía para mirarme en aquella forma tan estúpida y a preguntarle a mis familiares! ¿Cómo fue eso? ¿Dónde fue eso? ¿Cuándo fue eso? ¿Con que fue eso? Eso volvía a renacer en mí, las personas que ven a un quemado deben saber que él también es un ser humano y no un actor de una película de horror donde se hacen comentarios necios frente a la misma persona sin que se dé cuenta quien está. ¡Ahí, en esa cama es como tú, no es un animal! ¡Deja los comentarios para cuando él no te vea, ni te oiga, pues si lo tratas como si fueras tú mismo y usas la compasión, yo dudo que al verte desfigurado por un accidente este te cause alegría y placer, tú lo harás sentir mejor, si crees que no estás preparado para ver esto en un hospital, pues entonces nunca subas a las salas en donde hay casos de esta naturaleza!

En este lugar conocí la angustia, el temor al rechazo, el odio a mi suerte, el aborrecimiento más horrible, la desesperación por vivir o acabarme de morir, pero no estar en el medio de las dos cosas, deseaba una o la otra. Vivir y ser espectáculo del mundo sin poderse mover, sintiéndose uno la persona más horrible que haya pisado la tierra, sentir y ver el desprecio por ti, porque hasta las enfermeras me trataban sin ningún cariño, era uno más en su lista de baños y curaciones.

Quisiera encontrar palabras para narrarte mi dolor, pero no puedo. No quería mirar la gente que trabajaba conmigo, pues yo sentía que me tenían asco ¡Oh Dios, qué horrible! ¡Yo era un niño tan limpio siempre, mi piel tan bonita y ahora estaba podrido en vida! Dios, ayúdame a seguir contando esto. En este sitio añadirían una nueva tortura a mi lista, me darían terapia física ahí mismo en la cama, todos los días después de venir del baño que me seguían dando en los *"Whirlpool"*. Le decían a mi madre o al que estuviera conmigo que me estirara y encogiera los brazos, que me los alzaran y bajaran, al igual, las piernas, y usted pensará, pero eso no era nada ¿Como usted dice? Me dolía tan solo que me miraran todo mi cuerpo, imagínese cuando me alzaban los brazos, se me salía la sangre y me corría por los codos y se ensuciaba la cama, cuando los bajaba, era lo mismo, si lo estiraban salía mi sangre y si me encogían, también.

Cuando comparo esto a una tortura, no exagero, era una tortura. Yo le lloraba a mi madre, para que, por favor, no me hiciera sufrir más. Con esta suplica mi madre paraba, pero fue peor escucharme, pues mis brazos se me quedaron encogidos y ahora sí que parecía un monstruo de película. Seguían pasando los días en aquella situación, y yo sufría siempre más. De la noche a la mañana apareció una muchacha rubia, bien jovencita y ella cuando veía a uno solo se quedaba atendiéndolo hasta que llegaba algún familiar, era hija de un conserje (mujer que limpiaba el piso), y ella alegraba mis días, a pesar de todo. A los dos meses salí del hospital, para mi casa, pues me habían dado de alta, aparentemente, y digo aparentemente porque a las 3 semanas o al mes, estaría en una casa de salud.

Cuando me llevaron en el carro para mi casa, todo parecía nuevo para mí. Es una extraña sensación la que se experimenta cuando uno sale vivo, después de luchar con la muerte. Todo parece distinto, en el corazón hay más ternura, estás sensitivo, más observador, todo parece un mundo nuevo y en tu mente, das gracias a Dios por no haberte muerto. Yo miraba desde la ventana del carro hacia afuera, y la gente se veía tan buena, tan ingenua, tan linda, las calles se ven diferentes, los árboles, los postes, los edificios, las flores, parecen cosas nuevas, que tú nunca has visto.

Llegamos a casa y aunque me sacaron cargado en los brazos del carro, escuché el sonido del portón que yo pensaba que jamás lo volvería a escuchar y se me saltaron las lágrimas de felicidad al pensar que ya estaba otra vez despierto, que lo que había pasado 4 meses atrás había sido una pesadilla, eso era lo que yo creía, todavía faltaba lo peor. Algunos vecinos vinieron a casa a verme y saludarme, y sé que se llevaron tremenda impresión, pues el que llegó no era el mismo que se había ido, pues lucía fatal. No podía caminar, estaba sin talones, sin orejas, todo desfigurado, con los brazos encogidos, envejecido por el quebranto. Todos disimularon lo mal que lucía y se despidieron de mí, pero en sus rostros yo notaba tristeza y desilusión, pues la gente espera ver a uno completo, pero a mí me faltaba todo.

Después de ese primer día en casa ya nadie de los vecinos venía a verme, pues de mi propia familia casi no venía nadie tampoco. ¡Qué malo es no poder caminar por uno mismo! Para ver televisión tenía que llamar a un hermano mío para que me la prendiera, si no me gustaba el programa, pedir que me lo cambiara o si no, que me la apagara. Cuando necesitaba ir al baño era igual, todo me lo tenían que hacer. Cuantas veces desee la muerte, solo Dios lo sabe, pues cuando uno molesta así, como yo molestaba, la gente se aborrece de uno.

Al principio, estaba contento de estar en casa, pero poco a poco me fui aburriendo, pues ya nadie se pasaba en casa todo el mundo se iba y solo se quedaba mi madre conmigo, la cosa ya no era tan grave, pensaría la gente. Cada vez que alguien me iba a ver ya lo hacía con lástima, pues yo no veía amor sincero por ningún sitio, solo el de mi madre. Cuando uno tiene salud, tiene todo, cuando uno está postrado, ni las moscas quieren saber de ti... Te alejan de ellos, todos tus amigos y familiares, esa es la cruda realidad.

Entré a un *Nursing Home* en Guaynabo donde me daban terapia, tres comidas diarias y salía todos los viernes por la tarde hasta el domingo por la noche, ahora por lo menos no me veían tanto en mi casa, ni me tenían que limpiar, ni los molestaba para ver la televisión, pues tenía una frente a mi cama. Los días en ese sitio era un poquito mejor que en el otro hospital, ya que ahí comía bien y no tenía sueros y las terapias no eran tan amargas, como cuando había que meterme a los tanques todo ensangrentado.

En ese hogar de convalecientes vi y escuche muchas cosas desagradables que no contare aquí, porque no vienen al caso. Pues en esos sitios ocurre lo que nadie se imagina entre pacientes y enfermeras. Pero para saberlo hay que vivir allá adentro como yo viví. Estuve unos cuantos meses cogiendo terapia y mi hermano Johnny iba a verme y me paseaba en un sillón de ruedas, a las millas, por todos aquellos pasillos, que si llegábamos a chocar con las paredes me hubieran tenido que coser la carne como si hubiera sido un accidente automovilístico, esa era la forma que mi gran hermano tenía para hacerme reír, pues de otra manera yo reía muy poquito, aquella locura de velocidad yo la deseaba, pues me divertía muchísimo.

Un viernes salí de "Pase" para mi casa y el sábado estaba viendo televisión y de momento sentí deseos de ponerme de pies y no había nadie que me aguantara en caso de caída, pero aun así probé a levantarme y lo logre. Dios me dio suficientes fuerzas para llegar en la punta de los pies, hasta un cuarto donde mami estaba planchando. Cuando ella me vio comenzó a llorar de alegría, allí estaba yo sin talones, con los brazos encogidos, todo quemado, sin orejas, pero parado sobre mis pies, como me había dicho Jehová Dios a través de mi tío William yo también me emocioné muchísimo y juntos lloramos de alegría. De ahora en adelante yo iba a caminar, aunque fuera en puntillas. Cuando regresé ese domingo al hospital cogía mi sillón de ruedas y lo paseaba yo a él, para fortalecer mis huesos. ¡Ese lunes cuando fui a coger terapia me fui caminando, me tardé un rato para llegar del cuarto a terapia, pero lo logré!

Todos me animaban a seguir hacia adelante, esa gente era maravillosa, de ahí en adelante comencé a hacer lo que Dios me había prometido, caminar sobre mis pies. ¡Gloria a Dios! En ese hogar de convalecencia estuve hasta el año próximo y en 1972 en vez de buscar a Dios sucedió algo que me dañaría la cabeza, por mucho tiempo. Yo seguía con los brazos encogidos y a mi madre alguien le dijo que los brazos me los podían bajar con una cirugía plástica. Cuando ella se me acercó me dijo que había un doctor por Santurce que ella había llamado y sacado cita para que viera mis brazos, para ver si él me podía operar. Nosotros fuimos a esa (famosa cita) y el doctorcito les dijo a mis padres que él haría la operación.

A mí me dio una alegría tan grande que mi corazón saltó de gozo. Pero cuando nos íbamos, aquel charlatán le dijo a mami, quédate tú conmigo que yo te tengo que decir algo más, y yo seguí bien contento para el carro con papi. Cuando mi madre volvió al carro vino con una cara de tristeza tremenda, le preguntábamos que pasaba y ella se echó a llorar y dijo que el doctor le había dicho que yo me iba a quedar igual de encogido después de la operación ¡Qué desdicha! Se me fue toda la ilusión que había tenido momentos antes, pero le dije a mis padres: "No se preocupen ya Dios nos guiara a otro lado". A la semana de haber yo dicho esto, tuve una revelación en la cual vi que mis brazos estaban estirados y usaba mangas largas.

Al otro día le conté a mis padres, lo de la revelación, pero estoy seguro de que no me creyeron, pues ellos estaban bien confundidos por aquel médico que no nos había dado ninguna esperanza. Una semana más tarde estábamos en la oficina de un cirujano plástico llamado Armando Barreto Domínguez, y cuando este doctor vio mis brazos tan terriblemente encogidos él dijo: "Eso yo lo arreglo con una cirugía, ya verás que quedará normal, y luego que se ponga mangas largas ni se notará". ¡Por fin volvía la fe a mi pecho! Otra vez sería normal como todas las personas, ya nadie me miraría como el que ve a un murciélago.

A las 9:00 de la mañana todo para mí sería diferente (al menos eso yo pensaba) lo que no sabía era que esas operaciones iban a ser 21, y una cada tres meses. Me llevaron al hospital para hacerme la operación del brazo y cuando desperté de la anestesia el yeso que me habían puesto yo no lo podía casi levantar, pero noté algo tan pronto me vi y era que estaba estirado mi brazo, estaba derecho y cuando mi papa entró para verme lo primero que le dije fue "Ves papi, así yo me veía en la revelación que tuve hacen dos semanas" pero, no sé qué habrá pensado, pues me volví a dormir.

Estaba tan contento con ese doctor Barreto, me venía a ver cada rato hasta que salí de esta primera operación con él. Luego me operó los talones, las orejas, el otro brazo, en fin, que si me fueran a pagar en dinero mis operaciones pasarían de un 1,000,000,000 de dólares (creo yo). Lo peor de las operaciones es que te debilitan rápido, máximo cuando es una detrás de la otra, pues yo estuve en el hospital un promedio de cuatro veces al año, yo prácticamente vivía allá adentro.

Yo seguí una vida de tristeza, soledad, amargura...

Pues, aunque uno esté rodeado de un ejército lo peor es la amargura de espíritu, pues eso no hay nadie que sea capaz de satisfacerlo, solo Dios lo puede hacer. Seguí una vida ficticia tratando de buscar la paz interior, y caí en un vicio de pastillas tan grande que yo mismo muchas veces desesperado buscaba la muerte, insultaba a cualquiera, maldecía hasta mi propia vida, no quería saber nada de Dios en mis adentros pues pensaba (Si Dios sería tan hipócrita como la gente que lo representaba). Amanecía por las calles muchas veces, otras, con alguna amiga en la playa, me puse rebelde contra mis padres, no me importaba si algo les pasaba, comencé a pensar que mi padre tenía la culpa de mi accidente.

Todos los días el 25 de julio, él decía que estábamos celebrando nuestro aniversario, yo odiaba pensar en mi desgracia. A veces hablaba hasta tarde por teléfono y mi mamá temblaba de nerviosismo por mi papá que la molestaba y la amenazaba con arrancarme el teléfono de la pared. En esos días era al mismo diablo el que me usaba para yo hacerles daño a tantas personas a la vez. Cuando alguien le da la espalda a Dios, después de haberlo conocido se le meten 7 espíritus peores que el que tú tenías al principio.

Ya no eres tú el que obras y controlas tu vida, ahora eran demonios los que me poseían. Yo estaba lo más tranquilo en casa hasta que caía la tarde después de las 6:00 p. m. ya estaba por salir y no regresaba hasta bien tarde, o si no, hasta el otro día. ¡Qué triste es la vida sin Cristo! En el 1972 decidí ir con mi hermana a la Iglesia Pentecostal De Levittown, y allí le di mi corazón a Cristo, allí me quedé bastante tiempo, yo diría como 2 años recibí el Espíritu Santo y me sentía bien interiormente y aunque por fuera siempre seguía triste por mi cuerpo. Es algo que no podría explicar con palabras, era feliz por un lado y seguía amargado por el otro. Buscaba a Dios con todo el corazón, traté de correr mucho en ese camino y caí.

Siempre que alguien se convierte a Cristo se desespera por predicar, por pastorear, por evangelizar, y esas personas a veces nos olvidamos que ese terreno es Dios quien lo dirige, no nosotros. Es Dios el que envía, es Dios quien capacita y prepara, es Dios y solo Dios. ¿Pero qué sucede? ¡Comenzamos a juzgar, criticar, condenar, a todo el que no es de nuestra fe hasta que por último! ¡Zas!... Nos caemos, pues estábamos firmes mientras Dios nos guiaba y nos dirigía, ahora ya nosotros queríamos hacerlo por nuestra cuenta y viene el fracaso ¿Lo sabias? Me aparté de Dios, comencé a salir a la calle a comprar discos de salsa para cantarlos yo mismo, me hice un tremendo salsero me cambiaron hasta el nombre, ahora me decían el sonero mayor y yo para no quedarme abajo comencé a fumar mariguana, a beber ron sin refrescos y pastillas de todas clases (menos acido) toda clase de pastillas tomaba. Cuando iba a los baños de cualquier casa cogía cualquier pastilla que hubiera en los botiquines. Estuve 15 años en ese vicio.

Tiempo de adulto

Recuerdo que, en 1972, le pedí a Dios que me ayudara para tener una novia, pues ya estaba cansado de mujeres prestadas, quería tener lo mío, le especifiqué a Dios que no fuera negra (no lo decía por racismo) sino que, para gente fea, ya era suficiente conmigo. El año de 1979 conocí a la que ahora es mi esposa, mi amiga, mi amante, mi compañera y dejé lo que tenía por el lado y me dediqué a quererla a mi manera, la celaba de todo y todos, era su dulce acomplejado y nunca valoricé lo que Dios me regaló, peleaba con ella por cualquier estupidez.

Quise seguir mi vida de perdición y a la vez, quería estar con ella. Los padres me dijeron que no querían que yo fuera más por su casa para que ella no se ilusionara conmigo. Nunca aceptaron que yo era novio de ella, siempre que iban a cualquier reunión familiar, me presentaban como un amigo de su hija. Solo Dios sabe cuántas humillaciones pasaba, pero seguí firme hasta que logré lo que quería, pues me casé con ella en octubre 10 de 1981. El amor es algo que no se puede fingir ni esconder y nadie puede ir en contra, muchachita la que 7 años atrás le había pedido a Dios en aquella Iglesia Pentecostal llorando y Dios escuchó mi clamor.

A pesar de tenerla a ella tampoco era feliz, pues seguíamos enamorados. El amor no sabe de raza, de credo, o religión, ni de belleza física, el amor se siente dentro del corazón y se manifiesta a besos, sonrisas, y felicidad. La única mujer que yo amé por primera vez fue mi esposa. Cuando iba a nacer mi primer bebé, ponía la mano en la barriga de mi esposa y le decía a Dios con lágrimas: "Señor, quiero que este bebé, mi primer bebé, sea hombre o mujer tenga la cara igual que la mía antes de que me quemara", y así sucedió. La primera niña que se llama Purita, tiene la cara igual que yo. La segunda que se llama Valerie, se parece a la mamá, pues aún no había nacido y en el vientre de mi esposa le pedí a Dios lo mismo, solo que esta vez cambié la petición, pues quería que fuera como la madre para que todos vieran que esos hijos eran de nosotros de verdad. ¡Dios me concedió este privilegio! Pues hay personas que tienen hijos que no se parecen a ninguno de los dos y en esta tierra hay mucha gente que dudan y hablan cuando el hijo no se parece a ninguno de los dos, enseguida piensan que otra persona... es el padre.

Perdí el trabajo por mis vicios. En 1983 comencé a luchar con el Seguro Social para que me incapacitara y después de dos años sin trabajar, me lo aprobaron y me dieron 4,000 dólares de retroactivo y me fui dos semanas, con mi esposa a Miami y me encantó. Volvimos a Puerto Rico, vendimos lo que teníamos o mejor dicho lo devolvimos a la tienda donde lo habíamos comprado, entregamos el carro, nos dañamos el crédito, pero nada nos importaba, queríamos irnos definitivamente a Miami. En agosto 16 de 1985, mi sobrinita de apenas 19 años se disparó en su pecho en el baño de su propia casa como a las 7:10 de la noche, y eso me causó un gran trauma, que casi nadie notaba, pues ya todos sabían que yo era un vicioso y quizás no me veían llorando, sino, haciéndome el fuerte, para no gritar de dolor.

A las tres semanas de esa muerte, o sea, exactamente el 7 de septiembre mi otro primo llamado Arturito se ahorcó también, causando en mi vida algo traumatizante que jamás se borrará de mi mente. Una vez estaba bien turbado y empastillado, cuando apagué la luz del baño, oí la voz del diablo que me dijo claramente: "El próximo serás tú". Salí del baño aquel (pues, las dos muertes de mis familiares habían sucedido en el baño). ¿Coincidencia?, no lo creo. Agarré unos ganchos de ropas, para ponérmelos alrededor de mi garganta, y en eso vino mi esposa, y prendió la luz, me dijo que ella me quería, que no hiciera nada de eso, yo seguía con la idea, pero me acosté y me dormí gracias a Dios.

Todo eso me afectaba los nervios, y mi mente ya no era la misma, pues veía los muertos cruzando por mí sala, se reían, me miraban y luego, desaparecían. ¿No lo crees? No lo creas. Esta fue mi vida y no pretendo ganarme la credibilidad de nadie. Aunque tú no lo creas yo seguiré narrando mi historia. Una noche viendo televisión, tarde en la noche, salió un joven que predicaba a Jesucristo por cinco minutos, todas las noches, yo no quería saber nada de nada, y como no me podía levantar para cambiarlo de estación, comencé a fumar cigarrillos y a esperar que el hombre terminara de hablar, pero esa noche dijo un mensaje tan directo: "Escapa por tu vida". Me quedé clavado en el sofá mirándole como hablaba de Jesús y le brillaban los ojos de verdadera paz interior, y de momento dijo: "Cierra tus ojos y dale tu vida a Cristo". En ese momento se me pararon los pelos de pies a cabeza, pues aquel mensaje Dios lo puso en sus labios para mí.

El nombre de ese hombre era Douglas Martí, él se fue del aire, y yo me fui a llorar a la cama al lado de mi esposa y le dije: "quiero conocer a Jesús, lo necesito con urgencia", allí en la cama comencé a llorar de todo lo malo que había hecho. Fui a una iglesia metodista y mientras oraba, sentí que alguien ponía su mano en mi hombro, pero cuando me volví para ver quién era, no era ningún ser humano, era el mismo Dios que me consolaba. Mi madre iba a esa iglesia, pero nadie más me conocía, así es que era raro que alguien estuviera poniéndome un brazo o mano, en mi hombro. De esa iglesia tan ordenada y pasiva, jamás creí que tendría semejante experiencia, pero yo la quería sentir y lo buscaba de todo mi corazón, así es que lo sentí, allí mismo, pero me di cuenta que las demás cosas como el culto, las alabanzas y la adoración, no era lo que yo deseaba para servirle a él.

Me fui a una iglesia evangélica y testificaba, fui lleno del Espíritu Santo, de una manera maravillosa, oraba en todo momento, sentía la paz de Dios, leía mucho la Biblia, me bautizaron ahí (cosa que yo nunca había hecho) yo no quería estar mojado frente a personas desconocidas, por el problema de mis orejas, pues yo las perdí en el accidente y nunca me dejaría ver así. Cada vez que en una iglesia hablaban de bautismo, yo me iba y no volvía más, pero en esta no solo me quedé, sino, que me bauticé. Me sentí cristiano y feliz, por primera vez. Escribí canciones para Dios en estilo salsa, antes que nadie. Pero cuando las presenté a un amigo y hermano en Cristo las grabamos para nosotros, pero nunca nos atrevimos presentarlas al pastor por miedo al rechazo, pues en esa época la gente pensaba que esa era música mundana y diabólica.

Ahora hay canciones para Dios en todos los ritmos, pero en ese tiempo solo se adoraba a Dios en forma sacra y lo de nosotros eran bombas, plenas y bastante salsa, así es que no hicimos nada. Sería bueno poderlas cantar un día (si Dios me da la oportunidad), pues yo escribí la letra para él, pero el ritmo era secular, mundano, folklórico. En una ocasión que estaba orando sentí que Dios quería que yo le cantara con ritmo del mundo, pero la letra él me la daría, y eso fue lo que sucedió más tarde. Pero ahora tengo las letras y nada más. Todavía conservé la esperanza y la fe de dárselas a alguien algún día para que las toquen y canten, pues alaban y engrandecen a Dios.

En 1986 vine de paseo por dos semanas a Miami, con mis dos hijas pequeñas, y mi esposa estaba encinta por tercera vez, tenía cinco meses cuando regresamos a Puerto Rico, entregamos el carro que teníamos, vendimos las cosas y a los tres meses exactos, nos mudamos a Miami. En doce cajas de pollos, trajimos las cositas y empezamos desde abajo en un Efficient en Miami Beach.

El primer carro que tuvimos costó 1,200 dólares, era un Chevrolet Caprice del 76'. Al mes de vivir en Miami me nació el tercer hijo, al cual le pusimos Carlos igual que yo, pues quería perpetuar ese nombre, y, además, era mi primer hijo varón, así es que le puse mi nombre. Dios ha estado conmigo en todo este largo y doloroso camino. Ahora tengo cinco hijos, estoy tranquilo, feliz, y todo este sufrimiento por el que pasé fue muy duro, y triste, pero Él no me ha dejado solo ni un momento, aunque a veces me deprima, por mucha gente tonta que me mira rara se ve que Dios me ama como soy y tengo una familia que me ama también, y me siento con ellos como si estuviera sano completamente.

He vivido todos estos años de pura gracia, pues de dos días que me dieron de vida en 1970 cuando me quemé, he llegado al año 2000, y ahora digo como el rey Ezequías en Isaías 38, 10 y siguientes dice: "Yo dije: A la mitad de mis días iré a las puertas del Seol privado, soy del resto de mis años. Dije: No veré a Jah, a Jah en la tierra de los vivientes; ya no veré más hombres con los moradores del mundo. Mi morada ha sido movida y traspasada de mí como tienda de pastor. Como tejedor corté mi vida; me cortará con la enfermedad: me consumirás entre el día y la noche. Contaba yo hasta la mañana. Como un león molió todos mis huesos; de la mañana a la noche me acabarás. Como la grulla y como la golondrina me quejaba: gemía como la paloma; alzaba en alto mis ojos. Jehová, violencia padezco; fortaléceme. ¿Qué diré? El que me lo dijo, él mismo lo ha hecho. Andaré humildemente todos mis años, a causa de aquella amargura de mi alma. Oh Señor, por todas estas cosas los hombres vivirán, y en todas ellas está la vida de mi espíritu; pues tú me restablecerás, y harás que viva. He aquí amargura grande me sobrevino en la paz, más a ti agrado librar mi vida del hoyo de corrupción; porque echaste tras tus espaldas todos mis pecados. Porque el Seol no te exaltará, ni te alabará la muerte; ni los que descienden al sepulcro esperarán tu verdad. El que vive, el que vive, este te dará alabanza, como yo hoy; el padre hará notoria tu verdad a los hijos". Hasta aquí son las palabras de Ezequías.

Ahora yo te digo que estas cosas que yo te he contado de mi vida son para que te llenes de fe, y no importa cómo tú te sientas, ahora mismo, que te parezca que nadie te ama que la vida es dura contigo, que no eres nadie importante, si te diré, para quien tú tienes valor e importancia; eres bien importante para Dios, de esa vida vacía, triste, sin propósitos, Dios hace maravillas. Solamente te pido que pienses en esto, que te he contado, y que lo he hecho con el único propósito de alcanzar a personas como tú...

Si tienes el cuerpo sano y nada te falta en él; sé agradecido de Dios, y recuerda que si otras personas menos afortunadas que tú, menos agraciadas, más desdichadas física y emocionalmente, han logrado muchas cosas en la vida; como es casarse, tener una familia, trabajar y mejorarse no importa la situación horrible o dolorosa, que tuvieron que pasar. ¿Por qué no lo lograras tú? Yo sé que tú puedes lograr todo lo que te propongas. No dudes en tu corazón. Échale ganas y no habrá nada difícil, para personas que no se rinden; nunca, recuerda; se podrán perder diez batallas, pero si ganas la guerra al final, eso será lo que dirá la historia.

Un boxeador famoso, al principio le parten su nariz, le hinchan los ojos, pierde muchas veces, pero cuando se hace un campeón nadie se acuerda de su principio. Lo mismo se podría decir de un sembrador, un político que llega a ser el presidente de una nación, un ingeniero, un cantante, un músico, un pastor de iglesias, un evangelista, un profeta, y si esto fuera poco el mismo Jesucristo pasó por tantas cosas malas en su vida y ahora está sentado en el trono con Dios y como Dios. Todas estas personas saben que el principio es molesto, duro, doloroso, triste, deprimente, desalentador, sufrido, pero ninguno se rinde, porque todos tienen la mirada puesta en lo que alcanzaran después. Y por eso lo logran, porque tenían en su mente una meta. Haz tú lo mismo. ¡Que Dios te bendiga y logres todo lo que deseas! Tengo un último versículo para ti está en Salmos 37, 4: "Ama al Señor con ternura y él cumplirá tus deseos más profundos".

Hay personas que dicen que la felicidad no existe, pero yo difiero de esas personas que ven todo con pesimismo, pues si tú decides antes de salir de tu casa ser feliz, y tus pensamientos los mantienes positivos, nadie podrá echarte a perder tu paz. ¡Toda la amargura del mundo no te podrá tocar! ¿Sabes por qué? Porque tú estarás inmunizado contra la tristeza, la depresión y el mal humor. Esa es una decisión tuya, así como te pones una linda camisa y te vistes bien y te sientes súper elegante, así cuando tienes paz, el mundo a tu lado se puede desmoronar, pero tú estarás tranquilo. ¡Siempre vendrán problemas! Pero sabes la pregunta que sigue ¿Cómo los vas a enfrentar? Siempre habrá alguien que tú le caerás mal, alguien que te ofenderá, sin tu esperarlo, alguien que te mirara con odio, alguien que se creerá superior a ti, alguien que tratara de sacarte de tus casillas, alguien que te gastara una broma pesada o te dirá una indirecta para herirte, pero si tu estas en una buena actitud, miraras todo esto como una ola que viene bien alta y se desvanece contra las rocas.

Cuando choca contra tu decisión de ser feliz se deshace frente a tu cara. Nadie te podrá hacer frente si eres una persona optimista y positiva y sobre todo si tu fe no está puesta en ningún hombre de este mundo, sino en el Dios de Israel. Esto lo he visto con mis propios ojos y en mi propia vida. Hay muchas personas que me trataron de hacer daño y hoy se encuentran siete pies bajo la tierra, yo en cambio sigo vivo, porque he confiado en Dios sin titubear. Jesucristo no se quedó ahí, sino, que proclamó bien alto, pero yo he venido para que en mí tengan vida y para que la tengan en abundancia.

Yo no sé cuál es tu falla, yo no sé cuál es tu pecado, no sé cuál es tu vicio oculto o manifiesto, no sé si es una mujer, un hombre, una cosa, una manía, algo que no le has contado a nadie y sufres porque tu corazón reconoce que lo que haces no le agrada a Dios y tan pronto caes en eso tu corazón te reprende y vuelves a sentirte sucio de nuevo y en pecado otra vez.

Tal vez cuando pequeño alguien te molestó sexualmente y eso es una cosa que está en tu subconsciente y ni tan siquiera a Dios se lo has entregado y arrastras ese dolor, desde ese día y tú sabes que tú no te atreves a confesarlo por miedo, al que dirán... Pero ¿quieres que te enseñe una cosa? En la Biblia hay un Proverbio que dice: "El que encubre sus pecados no prosperará, pero el que los confiesa y se aparta alcanzará misericordia". Tú solo necesitas la sangre de Jesucristo para ser de nuevo limpio, esa es la única sangre que no mancha, todas las sangres manchan, en cambio, la de Jesucristo limpia, quita manchas, y nos emblanquece otra vez. Por eso dice en Isaías 1, 18: "El Señor dice: Vengan, vamos a discutir este asunto. Aunque sus pecados sean como el rojo más vivo, yo los dejare blancos como la nieve; aunque sean como tela teñida de purpura, yo los dejaré blancos como la lana". Versión Dios habla hoy. ¿Quieres escuchar otra invitación de Dios? Entonces ve a Isaías al capítulo 55, 7 y oye al mismo Dios lo que dice: "Que el malvado deje su camino, que el perverso deje sus ideas; vuélvanse al Señor, y él tendrá compasión de ustedes; vuélvanse a nuestro Dios que es generoso para perdonar".

Dios te ama, tus pecados serán todos perdonados por su sangre. Que nada, ni nadie, ni tan siquiera tu comportamiento, hará que Dios se aleje de ti y que no pueda recibirte o negarte su amor. Al contrario, todo el mundo o la mayoría de la gente, usa una máscara para esconder sus maldades e hipocresía, ellos piensan que nunca serán juzgados, que nadie sabrá lo que hacen a escondidas y cuando uno confiesa algún pecado o alguna maldad, son los primeros en condenarte, sin detenerse a pensar que en esta tierra no hay nadie justo. Que haga el bien y nunca peque.

Siempre habrá algo en nosotros que nos desviará del camino y si no estamos fuertes espiritualmente seremos atrapados en nuestras propias debilidades y haremos lo mismo que hacíamos antes y cosas peores. No te cuento esta parte de mi vida para que puedas juzgarme, pues yo no necesito que otro pecador me condene, sino, que te cuento esto para que sepas y comprendas mejor lo de la parábola del hijo prodigo.

Ese hombre se salió del camino de su casa, pidió su herencia y se fue a vivir perdidamente lejos de su casa, lejos de su hermano, fuera de su país, tomó su herencia, se la gastó con vicios, con mujeres, perdió el rumbo, como nos ha pasado a las personas de carne y hueso y, sobre todo, sinceros. Jesucristo dice que este hombre volvió en sí, o sea se dio cuenta de su error, ya lo había perdido todo, y quería comer las algarrobas que comían los cerdos, de momento, se acordó de su papá y se dijo a sí mismo: "Un momento, yo soy hijo de alguien importante, yo tengo una familia y la gente más sencilla que trabajan para mi papa se alimentan mejor que yo, mientras yo aquí, me muero de hambre". Él pensó dentro de su corazón "voy a volver a mi casa, le pediré perdón a mi papa, me voy a humillar delante de él y le voy a decir: Papi, perdóname por todo el daño que te he hecho, por toda la vergüenza que te causé, pues donde quiera que me metía todos conocían que yo era tu hijo, todos sabían que yo me fui de tu lado y me gaste todo el dinero".

Tan pronto él pensó en su padre, hace rato el papá estaba esperándolo, cuando llegó cerca de la casa y el padre lo vio, enseguida corrió a encontrarlo y lo abrazó, lo besó y lloraron juntos. Después hizo una fiesta, mató un becerro gordo que tenía, le cambió la ropa sucia, le puso un anillo de oro en su dedo y cuando llegó el otro hijo y se enteró de todo lo que hizo su padre por su hermano lo recriminó, se indignó, se ofendió con el papá, pues, nunca él lo había desobedecido en nada y su padre jamás lo dejo celebrar una fiesta con sus amigos. Eso pasa ahora también, hay personas que se creen tan justas y desprecian a otros que vienen del mundo y caen en pecados una y otra vez y luchan y vuelven y caen y no entienden por qué Dios sigue teniendo compasión de esa gente, siendo personas carnales o pecadoras. ¿Sabes qué? Tú nunca vas a poder entender a Dios y su gran amor, aunque alguien se crea que conoce a Dios, él no va a actuar jamás de la forma que tú o cualquier ser humano piense. Él es un Dios soberano, aparte de eso, es un Gran Rey y nadie le podrá decir a él, a quien salva y a quien condena.

Sobre el Autor

Carlos Santos. Nacido en San Juan, Puerto Rico. De una familia numerosa. Su madre tuvo 13 hijos, aunque los primeros dos murieron al nacer. Luego vinieron nueve hijos de los cuales él es el menor. Desde pequeño conoció el rechazo, el maltrato y nunca se sentía querido ni aceptado. A los tres meses de edad la casa donde él estaba durmiendo se prendió en fuego y su papá lo salvó de morir calcinado. Parte de su infancia tan triste fue debido a un defecto congénito ya que al nacer los médicos usaron unos *forced* que son como una especie tijeras de metal y lo halaron del vientre de su madre y entonces ocasionaron que su cuello se virara y por esa razón, muchos niños se burlaban de él, entonces desarrolló un complejo de inferioridad que lo consumió hasta la edad de nueve años, cuando lo sometieron a su primera operación y le enderezaron su cuello. Aunque ya el daño en su mente estaba hecho. Los niños son crueles y hacen daño a los demás cuando ven que alguien es diferente. Quería llegar a ser campeón de boxeo y entrenaba muy fuerte. A los 12 años sufrió el accidente más horrible que haya experimentado cualquier ser humano, se convirtió en una antorcha humana... he aquí su historia. Dentro de estas páginas les contará todo su largo proceso de sobrevivencia. Espera que al menos ninguno de ustedes sufra lo que él ha sufrido... Muchas Gracias.

CPSIA information can be obtained
at www.ICGtesting.com
Printed in the USA
FSHW011914071120
75500FS

9 781643 345789